THE BOOK FOR
RAILFAN

彩色全圖解！

鐵道迷的第一本書

了解鐵道知識的必備工具書，研究鐵道文化的超級入門磚

鄧志忠 著

獻給鐵道初心者的入門經典

　　曾任《鐵道情報》雜誌總編輯的鄧志忠先進，畢生致力於鐵道文化的推廣，彙整其個人長年在鐵道文化領域的心得，於 2014 年 10 月出版《鐵道迷的第一本書》，發行後即獲得讀者廣大的迴響，網友評鑑 5 顆星，至 2018 年 8 月即已三版二刷，從初版至今轉眼快 10 年，現在又將全新再版，不管是做為鐵道業營運人員，還是多年好友的我，都樂意鄭重推薦這本值得交通喜好者留存的經典書籍。

　　近年來臺灣的軌道運輸呈現蓬勃發展，體現於大眾運輸的便利性，也在節能環保的功能上，扮演更重要的角色，因此許多使用者更想了解大眾運具的特殊性及專業性，如何讓需求者及好奇者能最快了解交通運輸的專業及享受其中的樂趣，特在本書中囊括「鐵道旅行篇」、「玩家蒐藏篇」、「營運車輛篇」、「機務運轉篇」、「鐵軌線路篇」、「車站月臺篇」、「鐵道事業篇」及「鐵道職人篇」等八大主題及 100 則子題，一網打盡所有鐵道話題！

　　這本以彩色全圖解，加上大量照片、表格，將各類專業的鐵道知識轉化為通俗易懂的文字敘述，如實用的車票識別、時刻表判讀技能，介紹鐵道迷珍愛的周邊商品、傳授鐵道攝影心法祕訣，亦詳細說明鐵路車輛的技

術發展經歷，以及鐵軌線路的運作技術等，圖文並茂、深入淺出的編纂，其內容之多元、題材之生活化，是臺灣鐵道界少數專為入門者量身打造的知識寶典！是鐵道迷甚至是軍事迷入行必備工具書，難能可貴的是，本書解答了各種關於鐵道的謎，活潑有趣、易讀易懂，讓你輕鬆成為見多識廣的鐵道好小子！

交通部臺灣鐵路管理局局長
杜微

最喜歡的，還是火車

在臺灣這個小小的島嶼上，曾經修築超過數千多公里的鐵道路線，各式各樣的火車在寶島土地奔馳過，但諸多歷史上的主客觀因素，讓一條一條鐵道路線、車站與列車消失，而僅存的鐵道路線至今肩負著臺灣陸上運輸的重責大任，在世代交替的過程中不斷進步，當在交通工具演進的過程中，人們也再度發現軌道運輸的優點與價值，除了我們熟知的臺鐵、高鐵與捷運，各處的觀光鐵道線與鮮為人知的專用鐵路，也讓許多喜愛火車的人深深著迷。

在網路資訊為主的時代，像這本《鐵道迷的第一本書》能夠與時俱進，不斷更新資料再版，是一件非常不容易的事情！說真的，我也樂於花時間為這本書再更新裡面的內容，讓更多喜歡火車、鐵道的朋友，能夠擁有入門的敲門磚。

距離上一版發行已經將近四年，在這四年全球經歷了一場疫情浩劫，但在臺灣的鐵道也悄悄有了變化，許多新式車輛陸續進來，新興的都市軌道運輸系統也開通營運，當然也有許多列車消失在時刻表上，疫情也影響了許多原本正常的鐵道活動；疫情過後，人們再度緩緩恢復到之前的日常，除了重拾以往的生活之外，也慢慢再度關注到周遭的一切，當然也會發現現在臺灣的鐵道風景有不一樣的感覺。

再版的《鐵道迷的第一本書》，依然是一本給喜歡火車、鐵道的讀者

的入門書！既然是「入門書」，文字就不應該太過生硬，雖然是第四版了，我仍然絞盡腦汁思考怎樣將生硬的火車、鐵道再度軟化成為大家一看就懂的表達方式；當讀者翻閱這本書時，依舊不需要有任何的鐵道知識背景，卻可以輕鬆建立基礎，進而有機會去鑽研更廣博精深的鐵道研究，朝向更「專業」的鐵道專家領域邁進！

除了舊版 37 位成就這本書的專家與好友之外，再版的新書要感謝林以峰、陳健雄與臺鐵局綜合規劃處文資科翁惠平科長再度協助，何宜珊、林佳燕、吳鈞泰、看橋工房、Nicole Lai 等好友不吝幫忙，幫忙最新照片與資料的蒐集彙整，謝謝翁昕吟小妹妹幫我畫出可愛的插圖，更要謝謝杜微局長親自審認，讓這本再版書更加精采豐富，也更具有可看性，讓更多喜愛火車的人，能夠好好的認識火車與鐵道。

鐵道旅行篇
和鐵道第一次親密接觸

玩家蒐藏篇
捕捉火車快飛的瞬間

車站月臺篇

06 鐵道旅行的起點與轉捩點

鐵軌線路篇

05 穿山越嶺鐵支路

鐵道事業篇
07
悠遊鐵路大觀園

鐵道職人篇
08
我要成為列車長！

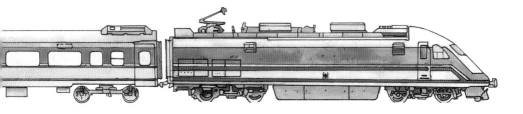

1

鐵道旅行篇

和鐵道第一次親密接觸

THE BOOK FOR
RAILFAN

沒有鐵軌
也算是鐵道嗎？

　　凡鋪設鐵軌，供火車車輛通行的道路即為「鐵路」，也有人稱其為「鐵道」，是世界上許多國家的重要交通運輸設施。

　　狹義的鐵路通常是指具有成對車輪的車輛，沿著特定鋼軌軌道運行的運輸路線，例如我們一般所熟知的火車、捷運以及高鐵等；廣義的鐵路則包含非使用車輪形式，但仍沿著特定路軌運行的交通運輸方式，例如纜車、索道、磁浮列車…等。

　　臺灣交通部主管機關對這種交通設施所使用的正式名稱為「鐵路」（railway），泛指所有公、民營的鐵路，各種產業鐵路與大眾捷運系統。

鐵路（道）的種類

狹義的鐵路（傳統鋼軌鐵路）	廣義的鐵路
臺灣鐵路（臺鐵）	單軌列車（跨坐式或懸垂式）
高速鐵路	磁浮列車
產業鐵路（林鐵、糖鐵、礦鐵）	纜車
捷運系統	索道
輕軌運輸（路面電車）	無軌電車

各式各樣的鐵道

傳統鐵路

纜　　車

索　　道

磁浮列車

如何來一段方便又簡單的鐵道旅行？

風一般呼嘯而去的的列車，帶給你什麼樣的感覺？

是否激起你自由無羈、渴望飛翔的心，直教人想立刻背起行囊隨列車遠行，直到夢想的天涯海角處……不過，如果不知如何搭乘火車，這就只是一場紙上談「車」而已！

其實搭乘火車的方式相當簡單，只要根據下列步驟，就能順利踏上鐵道追風之旅囉！

STEP 1 查詢時刻表

事先利用網路或車站提供的時刻表查閱列車動態資訊，有利於旅客選擇列車班次、安排規劃行程。至於時間充裕或隨興出遊的旅客，可以直接到車站，瀏覽大廳裡公告的時刻與票價，再選擇與確認乘車資訊。

STEP 2 購票與取票

最便利的方式是直接到人工售票口買票！但看到售票窗口前大排長龍的購票民眾，是否讓你對鐵道行感到卻步、甚至想要打消念頭？

別灰心！這時候還可以利用站內配置的自動售票機，既省時又方便！高鐵和臺鐵設置的對號列車自動售票機，皆為觸控式螢幕，且有中、英文兩種介面，有利國內外乘客使用。

 哪裡可以購買車票？

人工售票窗口　　　　　　　　　　　自動售票機

捷運自動售票機

高鐵人工售票窗口

此外，也可以上網訂票、付款後，直接在車站或者附近的郵局、便利超商取票；臺灣高鐵也提供「T-EX 行動購票」手機訂／付／取票服務，完成訂購票手續後，給予乘車票的 QR Code，旅客可以使用手機直接進出閘門。

不過使用人工售票窗口的好處多多，不但可提供購票旅客一般購票，也能盡量協助滿足旅客的特殊劃位需求（如座位靠窗或走道、車廂選擇等）。另外，還可以辦理退票、變更乘車日期、時間、車次等綜合性票務工作，解決乘客的各種疑難雜症，是自動售票機無法取代的。

STEP 3 通過驗票閘門，到正確的月臺搭車

當你取得車票，即可持車票通過人工或自動驗票閘門進入月臺。為免誤乘列車，旅客在進站前應先留意上車月臺、開車時間等資訊。

旅客無論是臺鐵或者高鐵，持車票通過自動驗票閘門，票卡方向不拘，直接插入閘門口並記得取回即可。進站時，自動閘門會將乘車票退回給旅客保留。另外，臺鐵各級車站及列車上皆會提供人工補票服務，提供票卡遺失者、或從招呼站（無配置工作人員與售票亭）上車的乘客，於列車上請列車長補票，或下車時到車站出口旁的補票窗口補票。

高鐵與臺鐵的自動驗票閘門類似，旅客同樣依指示位置插入乘車票，閘門就會開啟。為了避免乘客趕在最後一刻衝上車，高鐵會在該車次發車前 3 分鐘停賣車票，持對號車票的旅客，驗票閘門也會在發車後停止開放進入月臺。

搭乘臺鐵與高鐵的乘客下車出站時，如去程一般將車票插入驗票閘門，車票會從閘門上方吐出，乘客抽出車票後閘門自動開啟，車票不須回

收，可以把車票帶回去作紀念。

　　若是超商取票或用前面介紹的手機 QR Code 進入閘門，則必須感應票面上或手機螢幕上的 QR Code，也可以持具有自動儲值功能的悠遊卡／一卡通 iPASS 聯名信用卡、高鐵回數票、定期票直接感應進入閘門。

臺鐵驗票閘門

自動驗票閘門　　　　　　　　人工驗票閘門

 臺鐵適用乘車票券

▲ 一般車票

▲ 悠遊卡
（或一卡通、愛金卡）

▲ 郵局代售臺鐵車票

▲ 超商代售車票

小小車票裡頭
隱藏多少大學問？

　　車票是旅客搭乘火車的「憑證」，也記載許多乘車資訊。臺灣目前的鐵路車票可分為一般票證與電子票證（如悠遊卡 EasyCard、一卡通 iPASS 卡、愛金卡 icash 等）兩大類。本文針對一般票證詳述之。

臺鐵車票

　　臺鐵人工售票窗口或自動售票機所發售的車票皆為熱感應背磁式車票，除了可通行人工剪票口外，也可以通過自動驗票閘門。

　　車票的尺寸不論對號車票或者非對號車票均是 8.57 X 5.4 公分，車票的正面顏色為橘黃色臺鐵底紋，背面則是黑色磁帶。

　　此外，車票上還印有臺鐵局徽、乘車日期、車種、車次、起訖站、票價等資訊供乘客辨別，現行車票區分為對號車票與非對號車票兩大類，在局徽兩側多了一條識別黑線，此是最大的不同處。

左｜自動售票機
右｜人工售票窗口

臺鐵車票大解密

▲ 人工售票窗口發售的對號車票

1 乘車日期
2 局銜
3 車種
4 車次
5 起站
6 迄站
7 開車時間
8 到達時間
9 車廂座號
10 票價
11 有效日期
12 車站代碼

13 售票終端（哪臺售票機發售的）
14 售票日期
15 發售時間
16 車票票號（英文識別碼意義：A 一般非對號列車、B 聯運票、C 團體非對號車票、D 一般遊輪式列車、E 專開列車、F 離線票、G 團體對號車票、H 團體遊輪式列車、J Joint_Pass、L 月臺票、M 異級票、N 一般對號列車、P 商品票券、S 定期票、T TR PASS、V 既有非對號自售機）

‖ 現行臺鐵自強號車票會區分 PP 推拉式自強號與普悠瑪、太魯閣、3000 型新自強號，票面上的車種後面會以括號註記。‖

高鐵車票左下角的編碼代表什麼意思？

　　高鐵車票是熱感應背磁式車票，持票通過自動驗票門時，無論正反面放入都能夠順利通過驗票閘門。

　　一般旅客透過櫃臺及自動售票機購買的車票，目前都是白色底紋，印有灰色橘色企業識別標示及隱約可見的高鐵公司標誌浮水印，車票大小為8.5x5.4 公分的樣式。由於票卡樣式沒有顏色與大小的區別，因此僅能透過票面上的文字資訊，判斷票卡為商務廂或標準廂、自由座、單程、去回票或優待票等。

　　有時，還可能有機會買到特別的紀念票款。

車票左下角編碼＝票號＝車票的身分證號

第一組數字：代表購票站，例如：臺北站為 02、左營站為 12。

第二組數字：表示售票的來源，1 是指站區人工售票窗口，2 是指站區內的售票機。

第三組數字：是售出車票的機器編號號碼，如 20 代表第二十號機臺。

第四組數字：代表西元年份，1 為奇數年，0 為偶數年。

第五組數字：表示購票時間為當年第幾天，例如 172，就代表今年一月一日元旦過後的第 172 天，換算後也就是六月二十一日。

第六組數字：代表該售票機印製的車票序號，例如 0091 就是這臺機器賣出的第 91 張。

高鐵車站代碼

車站	南港	臺北	板橋	桃園	新竹	苗栗
代號	01	02	03	04	05	06
車站	臺中	彰化	雲林	嘉義	臺南	左營
代號	07	08	09	10	11	12

高鐵車票 大解密

❷ 2023/06/21　❸ 車次 Train 117　❶ 單程票

❹ 台北 09:31 → ❺ 左營 11:05
Taipei ❻　　　Zuoying ❼

❽ 標準廂 Std. Car　**4**　❾ 座位 Seat　**4 B**

⓫ 成人　　　　　　07031256
⓾ NT\$ 1490　信用卡　乘客1 ⓳
02-1-20-1-172-0091
⓬ 2023/06/21發行

高鐵車票正面 ▲

02-1-20-1-172-0091
⓭ ⓮ ⓯ ⓰ ⓱ ⓲

2022/10/17　車次 Train 1622　單程票
左營 09:35 → 板橋 11:24
Zuoying　　　Banqiao
標準廂 Std. Car　**9**　座位 Seat　**9A**
學生　　02411684　★學生 7 5
NT\$1095 信用卡　乘客1
03-1-04-0-288-0050
2022/10/15 發行

▲ 高鐵特別紀念票

▲ 高鐵自動售票機

❶ 票種　　　　　　⓫ 使用者身分
❷ 乘車日期　　　　⓬ 發售日期
❸ 車次　　　　　　⓭ 購票站
❹ 起站　　　　　　⓮ 售票來源
❺ 迄站　　　　　　⓯ 第幾號機臺
❻ 開車時間　　　　⓰ 2023 年為「奇數」年
❼ 到達時間　　　　⓱ 當年度的第幾天
❽ 車廂種類　　　　⓲ 該機器賣出的第幾張
❾ 車廂座號　　　　⓳ 訂位代號
⓾ 票價

如何利用週遊券一票玩透透？

除了一般車票，臺鐵也針對不同身分或國籍的旅行需求，販售不同類型、區段的週遊券。

1. TR PASS 三日及五日券，提供一人在三日或五日內無限次數搭乘臺鐵列車。

   若使用上述票券搭乘普悠瑪、太魯閣列車、自強（EMU3000），必須事先至車站的售票窗口劃位；此外，不得搭乘觀光列車、郵輪式列車、自強（EMU3000）商務車廂及其他指定列車。

2. TR PASS 學生版，分為本國學生三日及七日券版，發售對象為國內學生，以及外國學生三日、七日及十日版。在票面有效期限內，可不限區間及次數搭乘莒光號及區間車種（惟搭乘莒光號時不予劃位），該票也不接受加價改乘自強號與搭乘觀光列車、團體列車、專開列車、郵輪式列車。本國學生僅能於寒假（1／15～3／15）及暑假（6／15～9／15）時段購買，外國學生則不在此限，全年均可憑證購買。

3. 一日週遊券，包含平溪線／深澳雙支線一日週遊券（海科館至菁桐）、內灣線一日週遊券（新竹至內灣）、集集線一日週遊卷（二水至車埕）、東北角一日券（瑞芳至頭城）及新左營—枋寮一日券（新左營至枋寮），當日可以在指定乘車區間內各站自由上、下車，且不限搭乘次數，可說是相當划算又便利。

4. Joint-Pass 雙鐵周遊券，為提供給外籍旅客於五日內優惠搭乘高鐵及臺鐵的旅行周遊券。

臺鐵一日週遊券

票種類型	票價	期限	使用區間	搭乘列車限制
平溪線／深澳 雙支線一日週遊券	全票 80 元 優待票 40 元	限當日有效	八斗子＝瑞芳 ＝菁桐	區段內區間車 不限搭乘次數
內灣線 一日週遊券	全票 95 元、 優待票 50 元	限當日有效	新竹＝內灣	區段內區間車 不限搭乘次數
集集線 一日週遊券	全票 90 元、 優待票 45 元	限當日有效	二水＝車埕	區段內區間車 不限搭乘次數
東北角一日券	全票 126 元、 優待票 64 元	限當日有效	瑞芳＝頭城間 （含平溪線）	區段內區間車 不限搭乘次數 可加價改乘自強號、 莒光號
新左營—枋寮 一日券	全票 184 元、 優待票 92 元	限當日有效	新左營＝枋寮	區段內區間車 不限搭乘次數 可加價改乘自強號、 莒光號

（資料來源：臺鐵）

內灣線內灣車站

深澳線海科館站

平溪線十分車站

集集線龍泉車站

捷運一日券的
使用範圍到哪裡？

臺北捷運（含新北捷運環狀線）

臺北捷運公司發行「24、48 及 72 小時票」與多種類型的「一日票」，分別可自首次刷卡進站之時間起計連續 24、48 及 72 小時與營運當日不限次數搭乘臺北捷運及新北捷運環狀線。這兩款乘車票可在各捷運車站購買，另外在 臺北捷運多元支付售票機 也可買到臺北捷運 TOKEN 一日票／多日票；但要注意每次搭乘只限一人使用，而且票卡無法加值再使用。

新北捷運

屬於新北捷運公司營運範圍中的淡海輕軌及安坑輕軌，可於各車站詢問處購買一日票，當日營運時間內不限次數搭乘，但兩條輕軌路線並不能通用。

桃園捷運

可在沿線各站購得一日票，經過閘門啟用後，於當日營運結束前可不限區間、不限次數、不限車種搭乘。除此之外還有與臺北捷運公司搭配推出機捷來回票＋北捷 48 小時票，以及機捷來回票＋北捷 72 小時聯票供乘客選擇，適合國外來臺旅客使用。

臺中捷運

臺中捷運各車站詢問處販售 24 及 48 小時票與一日票，於票卡啟用後，可以連續在 24 及 48 小時內、一日票於當日營運時間內，可不限區間、不限次數搭乘臺中捷運。

高雄捷運

高雄捷運除可於各站服務臺購買 24 及 48 小時票搭乘高雄捷運（不含輕軌），也可在高雄或左營站「多元支付智慧售票機 購買一／二日 QR Code 搭乘券，購買後以手機 QR Code 手機螢幕靠近驗票閘門感應區即可於 24 ／ 48 小時內自由進出高雄捷運各站，不過車票價格因區分含高雄輕軌與否會有不同售價。

順行與逆行，表示列車開往什麼方向？

　　高鐵時刻表中，列車往北部方向行駛稱為上行、往南則是下行。也就是說，從臺北經臺中、開往左營方向的列車，稱為「南下」列車；反之，從左營北行到臺北的列車則為「北上」列車。

　　臺鐵的營運路線較高鐵來得多且複雜，有環繞全島的鐵路網和許多支線，無法簡單用北上、南下的概念一言以蔽之，因此以「順行」和「逆行」來表示列車行駛的方向。

　　順行是指依環島鐵路路網順時針方向行駛，例如從臺北出發，行經東部幹線到高雄，或由高雄出發，行經西部幹線臺北、宜蘭等路線，稱為「順行」；反之，依環島鐵路路網逆時針方向行駛則為「逆行」。

　　至於支線鐵路的時刻表中，「順行」表示列車通往支線終點的方向，「逆行」則是列車開回支線起點的方向。

　　阿里山森林鐵路則以嘉義站為起點，開往竹崎、奮起湖、阿里山、對高岳或祝山的列車稱「上山」，從祝山、對高岳往阿里山站、阿里山站往嘉義、神木站方面的列車就是「下山」，因此在查詢時須特別注意，可別搞錯方向了！

　　另外，讀者也可以發現時刻表內大部分「南下」、「逆行」及「上山」的車次編號都是「單數」，反之為「雙數」。

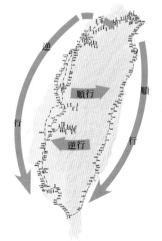

如何善用時刻表來
追蹤列車動態？

　　想要精準掌握火車的動態，最佳工具非「火車時刻表」莫屬！無論想在車站或鐵道沿線定點欣賞火車快意奔馳的身影，或是準備親自搭乘火車來趟「追風之旅」，時刻表可以幫助你輕鬆查詢與規劃行程。

　　早期人們要得到火車時刻相關資訊，必須親往臺鐵車站或列車上，才能購得可供參考的紙本時刻表。現今因資訊流通發達，高鐵可以在許多車站服務臺取得時刻表外，臺鐵則改為不定期提供，大部分旅客可以利用網路搜尋到最新的列車動態資訊。

　　不過，翻開時刻表，密密麻麻滿是數字的表格，是否讓你感到棘手，難以想像它竟然是開啟鐵道知識寶庫的終極密碼？

　　其實只要能掌握時刻表的原理，耐心查詢各班次列車，從起訖時間、地點入手查詢列車動態，你便能輕易的在車站附近，「堵」到想要觀看的火車，或者順利踏上火車來一趟充實的鐵道旅行。

讀懂時刻表的原則

1. 確認所要查詢路線：臺鐵的路線分為西部幹線、東部幹線、山海線、支線；高鐵則簡單區分綠色的南下與藍色的北上頁。

2. 選擇車種：時刻表前半部的頁面為自強號（分區一般自強號、普悠瑪、太魯閣及 3000 型）、莒光號等「對號列車」，後半部則為區間快和區間車的資訊。（高鐵無車種區別，請逕行參閱步驟 3）。

3. 查詢列車的行駛方向：高鐵分為北上、南下；臺鐵分為順行、逆行；森林鐵路則有上山、下山的區別。

4. 確認起訖車站。

5. 確認列車班次與時間。

如何查閱時刻表

▲ 時刻表

① 列車開行方向　⑤ 開車時間
② 車次　　　　　⑥ 到達時間
③ 車種　　　　　⑦ 特殊註記
④ 停靠站　　　　⑧ 不停靠站

臺鐵與高鐵所發行的時刻表，皆載明各營運路線的列車運行時間、行駛區間、訂票方式及列車票價，以便大家查詢各車種、班次、列車到站與出發時間，並推估列車行駛所需花費的時間。

時刻表的首列註記各列車班次資訊，包含車種、起訖站、行駛日期等；首欄則為各營運路線上所有車站站名。利用車次與車站的交叉檢索，即可得到列車動態。

通常起站與中間停靠站註記的時間為「開車時間」，終點站的時間為「到達時間」；該列車過站不停的車站常以「｜」表示。若車站上什麼都沒有註記的，則表示該班列車不會經過這個車站。

一定要特別注意的符號！

時刻表表格下方有許多特別的符號，表示特殊的列車運行時間（例如假日開行或不開行）、列車行經山、海線、列車可否運載腳踏車或其他特殊列車（如不發售無座站票的 3000 型自強號、太魯閣號、普悠瑪號或團體列車）等意涵。

哪裡可以取得時刻表？

臺鐵時刻表：

1. 臺鐵各車站（特定時間發行）。

2. 臺鐵首頁或列車時刻查詢系統 https://tip.railway.gov.tw/tra-tip-web/tip/tip001/tip112/gobytime

高鐵時刻表：

1. 高鐵沿線各車站。

2. 高鐵首頁或列車時刻查詢系統 https://www.thsrc.com.tw/

此外，嫻熟使用智慧型手機與平板電腦的族群，還可以利用相關 APP 軟體來查詢列車時刻動態，快速又方便，掌握火車行蹤再也不是難事囉！

高鐵時刻表的秘密！

從高鐵公司的時刻表，身為鐵道迷的你可以看出甚麼樣的列車營運秘密呢？目前高鐵時刻表上的班次會用四個的數字來安排車次；第一個數字代表列車行營運時間，0 為每日行駛（但如果為 0 就不列出，班次變成三個數字）、1 特定時間如假日、假日前或後才有，8 為加班車。

第二位代表停站模式，0 為北高直達車（中間臺中不停靠，但目前沒有開行），其他 1 至 8 的停模式如下表：

停靠站／車次代號	南港	臺北	板橋	桃園	新竹	苗栗	臺中	彰化	雲林	嘉義	臺南	左營
X0XX	停靠	停靠										停靠
X1XX	停靠	停靠	停靠				停靠					停靠
X2XX（模式一）		停靠	停靠				停靠			停靠	停靠	停靠
X2XX（模式二）	停靠	停靠	停靠				停靠				停靠	停靠
X2XX（模式三）	停靠	停靠					停靠			停靠	停靠	停靠
X3XX	停靠	停靠		停靠			停靠	停靠	停靠	停靠		停靠
X5XX（模式一）	停靠	停靠	停靠	停靠	停靠	停靠	停靠					
X5XX（模式二）							停靠	停靠	停靠	停靠	停靠	停靠
X6XX	停靠	停靠	停靠	停靠	停靠		停靠			停靠	停靠	停靠
X8XX	停靠	停靠	停靠	停靠	停靠	停靠	停靠	停靠	停靠	停靠	停靠	停靠

第三位及第四位數字為班次，但第四位如果是奇數為南下列車，偶數就是北上班次。

列車運行圖和時刻表有什麼不同？

列車運行圖是將時刻表內的資訊，整合轉繪成圖形的表格。透過運行圖，我們可以精確地了解列車的行駛情形，在各列車準點的前提下，不失為一份實用的追蹤工具。

列車運行圖的縱軸標註各個車站的名稱，橫軸記載列車的出發時間，圖中每一條斜線線段則代表各班次列車。如圖所示，當代表某班列車的線段，水平重疊於某車站的軸線時，表示列車會停靠此站，且水平重疊處越多，停靠時間越長；若線段與車站軸線僅有一交叉點，則表示列車通過該站但不停靠。

此外，我們還可以從列車的斜線線段判斷列車行駛速度：越接近垂直線，表示車行速度越快；相反的，線段越趨水平則表示越慢。

當時刻表內所有班次列車的線段都詳實而精確地呈現出來後，就可以清楚地看出列車交會或待避的情形，也能判斷列車班次的疏密與否。

市面上所販賣的列車運行圖專書，是現成可用的參考工具。我們也可以實際練習將時刻表轉繪於「方眼紙」上，但必須要有心理準備面對非常複雜且耗時的繪製過程，需要極高的耐心與毅力。若能完成此浩大繁複的工程，相信能讓人擁有滿滿的成就感而樂此不疲。

 如何看懂列車運行圖？

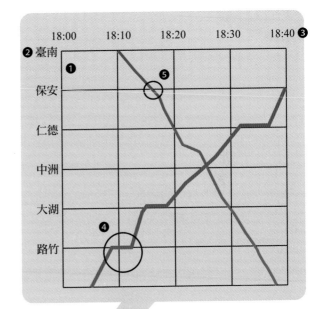

❶ 區間範圍
❷ 車站名稱
❸ 時間
❹ 列車停靠此站
❺ 列車不停，
　直接通過此站

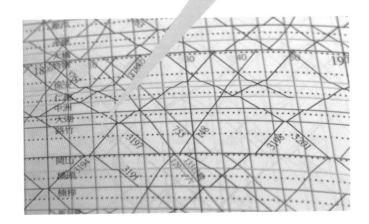

哪裡有欣賞火車英姿的絕佳視野？

火車的外型與精密的鋼軌結構設計，讓許多鐵道迷深深著迷，加上特色車站與鐵道沿線的山河景致，絕對是令人難忘的風景。

看火車的好地方

1. 車站：最方便、安全的地方；透過車站顯示的時刻表與告示牌，我們可以輕易了解列車的動態。另外，車站候車室與月臺都是相當安全又利於觀景的好地方喔！

2. 平交道：公路與鐵路的交會處，通常會設置平交道，這裡多半會有良好的視野！不過，當平交道的警示燈與嗡鳴器響起，便是在提醒大家退出、遠避平交道，這時候絕對要盡快走避到安全的地方，才不會讓欣賞火車的美事成為憾事。

3. 跨線天橋：為了方便行人通行，許多鐵道路線上方（或車站內）會設置人行天橋。站在天橋上，居高臨下地欣賞火車是最棒的角度，尤其是列車從腳下呼嘯而過的聲音與速度，更具震撼力與快感！

4. 鐵道沿線：泛指火車行經的所有路線。發掘新的看火車處，也是許多鐵道迷的樂趣！

Tip1 絕對不可以隨意闖入軌道！

　　強調百遍也不嫌多，安全是唯一重要的考量。

平交道

不同角度，看見火車之美

尋找鐵路沿線的制高點

車站、月臺

從跨站天橋俯瞰火車

Tip2 一定要善用列車時刻表！

首先你必須知道自己的位置，介於哪兩座車站之間。假設處於 A 站與 B 站間的鐵道路線旁，即把握住時刻表中 A 站與 B 站之間的停靠時間欄，在火車可能出現的時間內耐心等候。

Tip3 地圖是重要的工具書！

在一本詳細的地圖中，可以輕易地查到鐵道路線，而路線上的車站、平交道、橋樑、隧道等鐵道設施也有機會在地圖中找到。拜科技發達之賜，現在還能上網搜尋電子地圖，既快速又便利！

筆者推薦紙本地圖：1. 臺灣地理人文全覽圖北島、南島（上河文化出版），地圖比例尺為 1:50,000。2. 那魯灣地圖館（戶外生活出版），這套地圖集將臺灣區分好幾個都會區，特色是有大比例及詳盡的街道圖示！

Tip4 善用智慧型手機下載 app，掌握列車最新的行車動態資訊。

各地鐵路便當都是同一家餐廳烹製的嗎？

「便當」一詞轉譯自日語的「駅弁」（音讀 eki-bian），是指一種便於攜帶的盒裝餐盒。不曉得從什麼時候開始，列車上或車站月臺周邊開始賣起這類餐盒，貼心的服務讓往來旅客免於受飢腸轆轆之苦。

那麼，究竟是鐵路便當本身美味十足令人食指大動，還是在火車上吃便當別有一番風味而特別讓人難以忘懷？這答案或許見仁見智，但不少人認為在列車上享用便當，不只能填飽肚腹，還能欣賞車窗外風情萬千的景緻，可說是最值回票價的景觀餐廳呢！

臺鐵的鐵路便當，由餐旅服務總所直轄的臺北、臺中、高雄鐵路餐廳與七堵車勤服務部、花蓮分部及臺東餐務室等六處負責，每天供應大量熱騰騰的便當，於列車上或車站內販售。

臺鐵鐵路便當以親民的價格與獨特的調味，抓住許多乘客或饕客的心與胃，一試成主顧的大有人在！想大量訂購也沒有問題，還可選擇外送服務。

不同於臺鐵的親民路線，高鐵便當走精緻簡約風格，多在特定時段的高鐵列車與高鐵車站內提供高鐵便當販售，同樣能讓搭乘的旅客搭配車窗景致享用。

除了列車與車站內販賣的便當，早年車站的月臺上還有由民間業者於特定車站月臺上販售的便當，旅客能在搭車前或者短暫停車時間向服務人員購買，成為當時臺灣鐵路上特殊的鐵道人文景色。另外貢寮、福隆、池上、關山站與阿里山上的奮起湖站週邊，目前仍有早年鐵路月台便當為特色美食代表。

 ## 令人回味無窮的古早滋味

臺東池上便當

臺鐵排骨便當

福隆鐵路便當

早年月臺上的便當叫賣，是特殊的鐵道人文風情

什麼是兩鐵旅行？
有哪些乘車限制？

　　由於環保觀念興起，樂活風大興其盛，新型態的鐵道旅行—鐵馬＋鐵道，成為許多人的休閒旅遊首選。

　　臺灣有許多鐵道拆除後，原有的路基坡度緩和，直接改建成為「鐵馬道」者不少。例如后豐鐵馬道（舊山線后里—豐原段）、東豐自行車綠廊（舊東勢線）、潭雅神綠園道（舊神岡線）、專用鐵道（舊中油線）及中南部許多廢棄糖廠鐵道線等，成為許多民眾假日單車之旅的路線。

　　另外，「鐵馬＋鐵道」旅行，簡言之是帶著自行車搭火車，享受悠活慢遊之旅。臺鐵順應這股風潮，開放旅客攜帶「置於攜車袋」的自行車隨乘，提供民眾以火車為交通工具，同時承載人和自行車抵達目的地，民眾可騎乘單車漫遊於鄉間小路，親身體驗臺灣各地風土民情與田野風光。

　　另外，臺灣部分客運業者也提供自行車同行服務，不妨也多加利用，讓鐵馬旅行的路線延伸至更遠處吧！

鐵道結合鐵馬道，成為
大眾休閒旅遊新選擇

攜帶自行車搭乘火車的規則

車種	自行車	搭乘車廂	搭乘或申請辦理方式	人數限制	是否收費	備註
非對號列車（區間車、區間快、普快車）	折疊式	不限車廂	以「車不離身」方式隨乘	無規定	X	進入剪票處前須先將自行車置入攜車袋，出剪票處前不得將自行車自攜車袋取出。
PP 自強號	折疊式與非折疊式均適用	限放置於第 12 車廂「自行車置放區」	可隨乘坐於第 12 車客車廂（亦可乘坐其他車廂），並自負保管責任	限 1 人 +1 車	○	
兩鐵環保運送班次		指定車廂		1 人 +1 車即可受理	○	
包用「區間車」部分車廂		指定車廂	事先申請、購票，經受理核准後即可於指定班次、車廂搭乘	有 8 人 8 車、15 人 15 車及 30 人 30 車等額度限制	○	有受理人數上限，須提早申請
申請「區間車」專開列車		指定車廂		最少需 120 人 +120 車始得申請	○	
PP 自強號快遞列車		僅運送自行車	於指定車站行李房辦理快遞運送	僅運送自行車	○	須先確認起、迄車站是否辦理快遞、託運業務
附掛行李車廂託運			於開辦運送業務之車站行李房辦理託運		○	

（資料來源：交通部臺灣鐵路管理局）

哪裡可以看到限定版的彩繪列車？

不同於一般我們所見到列車塗裝，鐵道事業有時會與企業公司、政府（如觀光局）或國外鐵道公司，合作推出廣告列車，以不一樣的列車塗裝馳騁在鐵道上，有時候連車廂內裝設計也會有所不同。

而這些彩繪廣告車不但會讓搭乘到的旅客驚喜外，更是鐵道攝影迷必追逐的特別列車。一般來說這些彩繪列車都會有合約時間，當合約時間過後就會恢復為原來的塗裝。

我們熟知的高鐵、臺鐵與捷運都有彩繪列車的蹤跡，不妨留意鐵道事業的新聞，與同好交換彩繪列車運行的情報，一同追逐這些「限定版」的彩繪列車吧！

臺鐵彩繪列車

高鐵推出卡通彩繪列車

臺鐵的迪士尼彩繪列車

親子彩繪列車，車裡有活潑多彩的內裝。

什麼是郵輪式列車？
和船運有關嗎？

　　早期海上郵輪是運輸郵件的交通工具之一，也提供運送旅客的服務；但由於民航客機的出現，郵輪漸漸喪失載客、運貨的功能和競爭力，遂逐漸轉為娛樂、遊覽性質的交通服務。

　　這種遊覽性質的郵輪，多會停泊於某個港口一段時間後，再續開往下一港口，讓旅客可以盡情於各港口的景點觀光；臺鐵或阿里山森林鐵路不定期開辦的郵輪式列車，即採取此模式，讓旅客在排定的數個停留賞景的車站，下車飽覽車站週邊風光後，再繼續開往下一目的地。

　　由於郵輪式列車，不同於一般列車到站即開，因此有些鐵道旅遊玩家稱其為「會等人的火車」。

　　臺鐵會不定期開辦各種主題式的「郵輪式列車」，例如由蒸汽火車牽引的「仲夏寶島號」、「開進南方小站」、「祕境車站與慢行」等，由旅行社營運的「藍皮解憂號觀光列車」或走頂級路線的「觀光列車鳴日號」等行程，結合沿途路線風光與在地風土文化的行程規劃，相當多元而豐富，吸引許多旅客的青睞。

　　若對於「郵輪式列車」感興趣，可多留意臺鐵官網，查詢各種特色主題的行程日期與票價，以電腦網路訂票，或洽詢相關旅行社，即可享受美好鐵路休閒假期。

　　由阿里山林業鐵路及文化資產管理處營運的阿里山森林鐵路，也推出各種「主題列車」，同樣採取郵輪式列車的鐵道旅行模式，可以透過網頁公告與購票搭乘。

另類鐵道新旅行
鐵道自行車 Rail Bike

　　近年來國內多了一種稱作「鐵道自行車 Rail Bike」的鐵道旅遊模式，就是在廢棄停駛的鐵道路線上，行駛人力（或半人力）的軌道自行車，遊客可以腳踩車體的踏板推動車體在軌道上行走，欣賞沿線的鐵道風光。這種改良自軌道人力車的 Rail Bike 源自於國外，在韓國可以說是非常受歡迎的舊鐵道旅行方式。目前在國內有舊山線鐵道及深澳線鐵道兩條路線，雖然號稱是需要人力踩踏的「鐵道自行車」，但別擔心旅客體力負荷較大，在舊山線這條路線的鐵道自行車還有電動輔助，讓旅客不致於感到過於疲累。

（劉俊賢／攝）

2

玩家蒐藏篇

捕捉火車快飛的瞬間

何謂名片式車票？
有什麼意義與價值？

「車票不僅是一段旅行，更是旅行者的一段人生記憶…」

當臺鐵尚未進入電腦化印製車票之前，各大小車站均使用 1.21 x 2.25 英吋（3.09 x 5.71 公分）硬紙板印刷的車票。這種車票是發源於鐵路誕生地—英國的埃德蒙森式鐵路車票（Edmondson railway ticket），我國則稱為「名片式車票」，俗稱「硬票」。早年的臺鐵、糖業鐵道與森林鐵道都曾使用過這種名片式車票。

仔細研究名片式車票，不難發現車票正面多為鐵道的圖案底紋，除了印有起訖站及價錢外，有時還會印製「剪斷線」；背面則為提供站務人員清點的流水號與註記。

有趣的是，臺灣幾十年來的政治局勢變化也反映於一張小小的車票上。最早，臺鐵火車票背面是不印標語的，直到民國五十年代政府開始積極宣揚反共復國，在各種媒體刊物上都可以看到反共標語的存在，連小小火車票也不放過，例如：「為解救大陸同胞而戰」「反攻第一勝利第一」等。這種印有政治宣傳標語的火車票可是世界罕見的。

隨著兩岸軍事對立狀態逐漸緩和，標語轉變為「努力革新，全面動員」「精誠團結」等。另外也出現了與政治目的不同的新生活運動標語，例如「好人好事」與「人人遵守交通秩序」。

慢慢地，政治軍事色彩漸淡，車票背後的標語固定改為「乘車秩序，

名片式車票

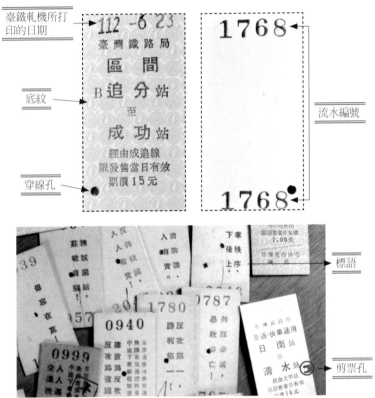

臺鐵軋機所打印的日期

底紋

穿線孔

流水編號

標語

剪票孔

車票背面印有各式標語是臺灣鐵路車票的特色

「先下後上」與「車未停妥，勿忙上下」。可以說從票面的字樣，在在留下臺灣最寫實的社會面貌。

雖然臺鐵車票大多已改為電腦列印的車票，但屬於舊時代的名片式厚紙板車票並未完完全全的絕跡！臺鐵的某些小車站仍不定時會販售這種極具質感的火車票，相信喜愛鐵道的你，一定不願錯過！

如何拍出媲美專業級鐵道攝影作品？

你喜歡看火車嗎？如何收藏挾著勁風奔馳而去的火車？透過攝影，我們可以用簡便、低花費的方式，將形色各異的火車裱框在我們的記憶裡。

若能留心觀察鐵道週遭的人、事、物，再通過攝影者的巧思，將列車、鐵道以及周遭的景致納入鏡頭，更能成為一幅充滿故事與情境的鐵道攝影作品，這也就是「鐵道攝影」的魅力所在！

鐵道攝影基礎—取景高度、觀景窗中的火車比例

任何攝影作品的成敗，構圖的良窳是最重要的關鍵，鐵道攝影當然也不例外！初學者可以多拍、多練習，憑著對火車的熱情找到屬於自己的風格。以下介紹筆者常用的基本構圖法：

1. 十字構圖法：

將相機的觀景窗畫上兩條對角線，將列車安排在任何一條線上。

2. 九宮格構圖法：

畫面分成九等份，將列車安排在任何兩個以上連續的區塊內，天空、地面等景物也比照取景。

3. 中心點放射構圖法：

強調列車為主角、背景重要性次之的鐵道攝影，可以採用這種方法構圖。這種鐵道攝影構圖常用於列車型式照中。

注意攝影者的高度，避免失真變型！

通常攝影者的高度都比火車矮，若直接站在鐵道邊拍，容易失真變型，最佳的處理方式是到火車的對向月臺來取景。

例如臺鐵或高鐵列車，從軌道面算起大約有 4 公尺高，若想要拍攝正確又不變形的列車型式照、或是火車的側面照，最理想的鏡頭位置高度大約是離地 2 公尺左右。

古語說得好：「師父領進門，修行在個人」，學會了基本構圖，就可以嘗試變化不同的光圈、快門，甚至調整色溫，創造屬於你自己的獨特作品。

比起需要斤斤計較底片數量的傳統相機時代，持數位相機的我們可以盡情的拍，盡情練習，當然，相機裡的記憶卡空間得夠大！

重要！鐵道攝影的基本禮貌與認知？！

如果評斷一幅鐵道攝影作品優劣，我認為攝影者的基本禮節也應該納入評分！

無論是否為鐵道攝影，都應該有基本的禮節與認知，那就是除了「安全第一」的最高原則之外，就是攝影者之間的尊重了。

拍攝鐵道作品時，往往會遇到大批同好在同一地點取景，這時可不要為了挑選好位置而影響到他人，拍照前也請注意身後的攝影者；最好的辦法是大家站在同一線上，或者大家分據不同的高度取景。

此外，在列車內、月臺上與車站裡攝影時，不要影響到行車人員與乘客，也不可隨意進入旅客止步的地方。

　　安全之外，攝影者彼此尊重是鐵道攝影的重要準則。

除了火車，不妨增加點人文色彩

　　許多鐵道迷拍攝火車，往往只在乎火車與鐵道，但是構圖上就少了一點「溫度」，也就是忽略了「人」。畢竟任何冰冷的機器，還是需要人的操縱或參與，才會產生生命。因此下次拍攝鐵道攝影時，不妨留心觀察，將鐵道員、旅客或與鐵道有關的人都拍攝入鏡，豐富你的鐵道作品吧！

 十字構圖法

 ## 九宮格構圖法

 ## 中心點放射構圖法

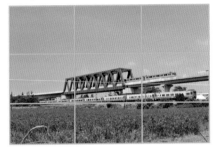

 ## 最佳月臺取景高度

❶ 在月臺上站立拍攝火車，會變成向下俯瞰車輛。

❷ 單膝著立（或跪著）拍攝，相機約位於車身一半高度，可取得較完美的構圖比例。

月臺

怎麼挑選適合鐵道攝影的相機？

　　許多人問我，到底要如何選擇一臺適合的相機呢？

　　答案是～根據自己的預算來決定！因為我相信任何相機都能拍出好的鐵道攝影作品，最重要的關鍵還是在於觀看與取景的技術囉。

　　自從數位相機影像普及後，鐵道攝影變得如此簡單又容易！近年來標榜高畫質的智慧型手機普及之後，隨身攜帶著智慧型手機，也讓更有機會隨時捕捉珍貴的火車鐵道畫面喔！

常見攝影器材

1. 智慧型手機

可隨時拍下簡單的鐵道作品，不過若要洗成相片或者進行後製，需要注意照片的「像素」（Pixel）品質，尤其經過通訊軟體傳輸的照片，常會減低畫質方便傳輸的現象。

2. 輕便型數位相機（Digital Camera，簡稱 DC）及高倍率變焦數位相機

前者業界常稱為消費機，後者則稱為類單眼相機，產品價格大約為新臺幣千元至萬元不等，種類及功能豐富，便於攝影或錄影使用，攜帶方便，若強調高畫質錄影的需求，DC 仍是入門相機的最佳選擇。類單眼相機前述輕便型相機相較性能更好，其鏡頭較大、變焦倍率高，有的還可以替換鏡頭，提升望遠或廣角的攝影需求。這種相機擁有與數位單眼相機的操作手感，在智慧型手機拍照當道的市場壓力下，仍然有固定的消費族群。

3. 數位單眼相機（Digital Single Lens Reflex Camera，簡稱 DSLR）

與前述相機不同的地方，DSLR 強調光學功能，感光元件尺寸較大，因此畫質較為真實優秀。 數位單眼相機的販售，可分為單機身與附鏡頭的 KIT 組兩種，入門時可考慮選擇附變焦的 KIT 組，或附標準變焦與望遠變焦的雙鏡 KIT 組。一般來說，廠商會將 DSLR 分為入門、中階與高階三種價位，可視自己的能力與需求購買適合的機種。

4. 傳統底片機

底片機是數位相機的前身，傳統底片機與數位相機分類相仿，只是感光元件的部分就是「底片」。在數位相機未發明與普及前的鐵道攝影作品，都是底片機的天下，現在仍有少部分人喜愛使用底片機，只是現在要考慮沖洗底片的問題。

 ## 常用鐵道攝影器材

類單眼相機與數位單眼相機，是俯瞰與望遠攝影的重要武器！

智慧型手機是隨手可得的攝影工具。

5. 空拍機

近年來空拍機興起，藉此可拍攝不同的鳥瞰畫面，也是鐵道攝影作品的一種呈現方式，空拍機價格可區分休閒娛樂型到專業型多種價位，可依照個人需求考慮傳輸距離、續航力、畫質等，也要注意是否要考照才能使用，在操作時還要注意禁航區與飛行安全。

為單眼數位相機搭配最佳的鏡頭吧！

單眼數位相機最大的特徵，就是可以依據不同的需求來更換合適的鏡頭。但是鏡頭種類及規格會依廠牌而有所差異，一般來說，想在火車站或是鐵道路線旁邊攝影，使用 28 ～ 100mm 內的變焦鏡頭（APS 相機鏡頭標示 18-55mm）或 50mm 定焦就相當足夠了，除了可以在火車站月臺內拍攝人物和火車，也可簡單拍成單節型式照及整列火車。

若想在鐵道沿線旁拍攝鐵道風景或是列車大頭照，廣角鏡 28mm 以下與望遠長鏡頭 200mm 以上就須列入考量。

鐵道攝影適用鏡頭

1. 標準變焦鏡頭：

涵蓋約 24~28mm 的廣角端、50mm 標準定焦鏡頭，及 85~100mm 中望遠鏡焦段。

2. 望遠變焦鏡頭：

涵蓋 85~100mm 中望遠及 300~400mm 的望遠端，在望遠攝影時是不可或缺的武器。

3. 高倍率變焦鏡頭：

這是因應不喜歡常更換鏡頭所發展的產品，涵蓋了 28mm 廣角端及 300mm 以上的望遠端，可以説是一支鏡頭走遍天下。

鏡頭的焦距（視角）以○ mm 表示，變焦鏡頭則以○ mm ～○ mm，要注意的是使用 35mm 底片相機與全片幅相機的數值是相等；若相機為感光元件為較小的 APS-C 以及 4/3 系統，各廠牌也會出現不同的換算值，這點是需注意的地方。

除了攝影，也有鐵道迷錄影、錄音，儲存鐵道影像與聲音，成為獨特的鐵道珍藏。

留下鐵道的聲音

（鄭銘彰攝）

蒐藏鐵道模型有什麼樂趣？

一般而言，鐵道模型可以分為動態與靜態兩種：前者是透過鐵軌將電力輸出到模型火車上，一列列袖珍可愛的火車模型，便能隨控制者的喜好運行或停靠；後者則如同軍艦、飛機與坦克模型一般，通常不具動力，由玩家依序組合並著色成型。

除了鐵道與火車還不夠看，加上各式造景點綴，增加鐵道模型的真實性與趣味性。包括車站前的街道、建築物、行道樹、大小車輛與人偶，進而鋪設田園、山岳、河流、森林與海灣，甚至加裝路燈、建物室內燈等，令人嘆為觀止！

按一定比例縮小的仿真火車與鐵道，需經過精密的設計與繁複的製作過程，與其將其視為玩具，不如說是一項展現高度工藝技術的「藝術品」，值得玩家珍藏。

在歐美、日本等擁有先進工藝技術的工業國家，都有專門從事鐵道模型開發與研究的人員，甚至考量研發精密的模型可以帶動科技的晉級，因此採取鐵道模型進口零關稅的優惠政策，希望在科技研發與休閒嗜好領域之間產生良好的互動。

不同廠牌出產的鐵道模型可以任意連接嗎？

目前國內的鐵道模型有 1：80 或 1：87 的 HO 規比例，和 1：150 或 1：160 的 N 規比例，這兩種是最常見的款式，也是全世界通用的比例。

換句話說，任何廠牌所生產的鐵道模型列車，只要採用同一種比例，即可任意連接通用，將不同國家的火車模型連掛在一起運行，大大滿足每個擁有者的個人意念。

其餘較冷門少見的軌距比例包括：G規（1：29）、1規（1：32）、歐洲O規（1：45）、美國S規（1：48）、英國OO規（1：76）、TT規（1：120）及最小的Z規（1：220）等。

玩模型也可能傾家蕩產？

據說在歐美國家流傳著，要讓一個家庭破產的最快方法，就是送他們一小組鐵道模型；一旦踏入鐵道的世界，玩家往往不自覺身陷其中，耗費鉅額購買相關產品也在所不惜。因此，即便非常熱衷於鐵道蒐藏，也必須懂得自我節制，切勿讓休閒嗜好的支出，影響到正常生活的基本開銷。

此外，把玩鐵道模型絕對不只是簡單的休閒或純粹滿足鐵道迷的夢想而已，透過製作或組合模型，讓人得以培養激發研究的動機與興趣，或考察該列車背後的人文歷史，這何嘗不也是一種寓教於樂呢？

 迷你鐵道世界

維妙維肖的鐵道模型

鐵道迷必追的特殊列車有哪些？

　　鐵道迷爭相追逐的特殊列車，可分為特殊型號車輛，及例行時刻表以外的列車。　例如目前西部幹線的自強號列車大多採用 3000 型新自強號與 TEMU2000 型普悠瑪自強號運行，但特定班次會運用較早期的 E1000 型推拉式自強號或 TEMU1000 型太魯閣自強號，甚至在特殊活動會派出已停駛的電聯車或柴聯車、甚至蒸汽火車牽引的特別運轉列車行駛。

　　至於例行時刻表上未出現的列車，則有：員工專車、行包列車、單元貨運列車、軍運列車、回送列車及特別節日的增開加班車，甚至是不同塗裝的彩繪列車。只要是異於常態、難能一見的火車班次都是鐵道迷追逐、必拍的對象；想要獲得這些車輛的行駛資訊，除了勤查加班車的事前公告外，最快的方法就是透過網路社群平臺上的資訊交流，相約同好一起體驗「獵車」的樂趣。

沒有時刻表的工廠側線，在鐵道迷眼中更添幾許神秘色彩

專門運送行李和包裹的行李車廂

鐵道迷「獵車」行動

（林佳燕攝）

（林佳燕攝）

對許多鐵道迷而言，新車的下船
大典可謂不可錯過的盛事。

中興一號特種支線（圖左），是位於鶯歌南方的軍用鐵路；部分路段和縱貫鐵道平
行（圖右），為少數碩果僅存的專門側線。支線上無固定時間行駛班次，若無小道
消息來源，拍到神祕特殊列車的機會更是可遇不可求，因此成為鐵道迷樂此不疲的
獵車之地。

哪裡可以購買鐵道紀念品？

　　近年來隨著鐵道旅遊及鐵道研究風氣盛行，許多與鐵道有關的商品如雨後春筍般湧現，無論是著名鐵道觀光景點、車站，甚至是在列車上，都能買到屬於臺灣鐵道記憶的小商品。下回的鐵道旅行，不妨也為自己覓個特別的鐵道伴手禮吧！

臺鐵夢工廠

　　臺鐵旗下的餐旅服務總所，早年僅以服務旅客為主；直至 2012 年 5 月 25 日起，在臺北車站開設「臺鐵夢工場」旗艦店外，並陸續在南港、松山、花蓮、臺東及鳳山等站等陸續拓展據點，也同步在網路上及車站的臺鐵便當販賣店販售。臺鐵夢工廠販賣的商品以臺鐵自行開發的文創商品為主，也販售與相關玩具、書籍與模型，當然更少不了臺鐵餐旅最具人氣的「臺鐵便當」！

高鐵紀念商品

　　無論是高鐵迴力車、文具等紀念品，都能在高鐵各站的 7-11 商店、候車室的紀念品自動販賣機，或向列車服務人員購得；有意者可於高鐵官網或列車上的免費雜誌中搜尋商品目錄。

臺北捷運商品館

　　販售臺北捷運及貓空纜車為主題的文創商品、紀念票與紀念品，自2001 年開幕以來一直是許多遠道而來旅客必逛之處。

實體店面除了位在臺北車站的店址外,也於忠孝復興、南京復興及中山站開設分店。無暇親自到店選購商品的買家,可於臺北捷運公司官網線上訂購。

高雄捷運商品館

位於 O5R10 美麗島站及 R16 左營站的「高雄捷運商品館」,是高雄捷運公司自營的紀念品專賣店,販售高雄捷運與輕軌相關紀念商品,當然也可以透過高捷網路商城購買。

臺中捷運

於北屯總站等沿線車站的捷運商品販賣機與官網販售臺中捷運周邊商品。

臺灣鐵道故事館

屬於民間經營的鐵道紀念品公司,目前於新烏日站經營,販售鐵道文創商品與融合地方文化特色的懷舊商品。

其他像桃園捷運、新北大眾捷運目前僅於官網電子商城中販售相關紀念品。

**鐵道伴手禮
販售商店**

臺灣鐵道故事館

臺鐵夢工廠

何處可以捕捉兩鐵交會的精采時刻？

要將兩種以上不同的火車同時納入鏡頭，得要經過特別的安排與耐心的等待，例如交叉比對各鐵路時刻表資訊或查閱列車運行圖，在列車會經過的地方守株待「車」！

如果不想特地查詢列車資訊，也可以根據前人經驗或鐵道迷之間口耳相傳的會車地點，憑運氣等待列車的到來吧！

兩鐵交會圖集

虎尾糖廠外的高鐵、糖鐵交會

林鳳營站南方的臺鐵與高鐵交會

 兩鐵列車交會或並行地點

車　種	地　　　點
高鐵與臺鐵	臺北車站、臺鐵浮洲樹林間、楊梅富岡間、豐富站北、新烏日站、田中站北、新營站北、林鳳營站南、新市站南、新左營北平行段、新左營站、新左營南高鐵調車線與臺鐵主線平行段
高鐵與糖鐵	虎尾北溪厝
臺鐵與高捷	橋頭站北、橋頭糖廠南
高鐵與桃捷	桃園機場捷運青埔站附近
高鐵、臺鐵與中捷	臺鐵新烏日站
臺鐵與糖鐵	臺鐵新營站、臺鐵橋頭站南

臺灣有哪些鐵道博物館或文化園區？

　　透過歷史資料的陳展、模型與珍貴列車的動、靜態保存，鐵路博物館兼具了展示、教育、蒐藏與娛樂休閒功能。臺灣已有一些鐵道展示場（館），但為了更有系統的建立鐵道文化館藏事業，未來規劃於臺北市松山區的臺北機廠原址建立國家鐵道博物館，保存珍貴的臺灣鐵道文化資產，將有利喚醒大眾對鐵道文化的重視。

國家層級

鐵道博物館籌備處

1. 國家鐵道博物館（目前為預約制，預計 2024 開放）
2. 國立臺灣博物館鐵道部園區

臺鐵、鐵工局、地方

1. 苗栗鐵道文物館
2. 彰化扇形車庫
3. 舊打狗驛故事館、北號誌樓
4. 花蓮鐵道文化園區
5. 高雄鐵道工程局
6. 潮州鐵道園區
7. 臺中驛鐵道文化園區

捷運

臺北捷運逃生體驗營

鹽業鐵路

臺灣鹽業博物館、七股鹽場

臺車

烏來臺車博物館（林業生活館）

臺灣博物館鐵道部園區

糖業鐵路

1. 烏樹林五分車文化園區

2. 臺灣糖業博物館

3. 旗山車站「糖鐵故事館」

礦業

1. 新平溪煤礦博物園區

2. 猴硐坑文化休閒園區

3. 金瓜石黃金博物館

林業鐵路

1. 嘉義阿里山森林鐵路北門車庫園區

2. 宜蘭羅東林業文化園區

3. 池南國家森林遊樂區

高鐵

高鐵探索館

猴硐坑文化休閒園區

潮州鐵道園區

烏來臺車博物館（林業生活館）

嘉義阿里山林鐵路北門車庫

花蓮鐵道文化園區

烏樹林五分車文化園區

臺北捷運逃生體驗營

苗栗鐵道文物館

新平溪煤礦博物館

七股鹽場

高鐵探索館

如何實現吃、住在火車上的夢想？

　　為了滿足每一顆愛火車的心，有些熱愛火車的人們，不惜花費大手筆買下真正的火車，精心設計，將鐵道或火車元素佈置在餐廳、商店、旅館或民宿中，搭配業者蒐集多年的鐵道珍藏品，呈現出充滿鐵道樂趣的特色餐廳或旅館，讓遊客彷彿置身於火車上生活！

　　想要以真正的火車改造而成的餐廳或與旅店，必須尋找停用報廢的列車，還得將龐大的火車運送成本列入考量，這可不是一件容易的事！當我們有幸參訪火車餐廳或旅館，可得好好珍惜這份得來不易的休閒旅遊空間。除了特殊具有歷史意義的車輛，臺鐵常會公開招標拆除或拍賣報廢的火車，有興趣的鐵道迷不妨留意這類的訊息，進而實現擁有火車的夢想。

　　此外結合鐵道模型展示與運轉的複合式餐廳也能滿足「看著火車」用餐的滿足感！

 ## 鐵道旅館、民宿

旅館、民宿名稱	連絡電話	地址	
集集鐵道行旅	049 2761722	南投縣集集鎮市前街 23 號	鐵道風格客房
大益火車民宿	08 8352688	屏東縣東港鎮大鵬里大鵬 7 路 199 號	鐵道車廂改裝房間
盛夏的軌跡	0935 079678	花蓮縣光復鄉佛祖街 8 巷 5 號	火車蒐藏、鐵道園區布置

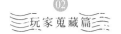

特色鐵道餐廳

餐廳名稱	連絡電話	地址	
餐廳名稱	連絡電話	地址	特色
陞暉恰	02 27888278	臺北市南港區興中路 68 巷 14 號	鐵道模型複合式餐廳
鐵道與車主題餐廳	03 4758627	桃園市楊梅區楊新路一段 347 號	臺鐵鐵道景觀餐廳
單軌慢行鐵道趣味餐廳	0980 329538	臺中市北屯區山西路二段 254 號	鐵道特色、文物
順欣車站鐵道模型輕食餐廳	04 7285043	彰化市力行路 71 號 1 樓	鐵道模型複合式餐廳
福井食堂	04 8710350	彰化縣社頭鄉社斗路一段 336 號	鐵道特色、文物
銀河鐵道望景餐廳	04 8721022	彰化縣社頭鄉後路巷 27-1 號	高鐵鐵道景觀餐廳
新臺灣原味懷舊餐廳 - 高雄館	07-5555148	高雄市鼓山區美明路 148 號	鐵道車廂、文物
池上飯包文化故事館	089 862326	臺東縣池上鄉忠孝路 259 號	鐵道車廂

入住火車民宿體驗鐵道趣味餐廳

福井食堂餐廳

東港大益火車民宿

單軌慢行

陞暉恰

我也可以包下火車去旅行嗎？

糖廠巡禮 — 包租巡道車、汽油車或專車

　　同三五好友向糖廠洽租列車（巡道車、汽油車或專車），不但可循糖廠內四通八達的鐵道路線踏查，還有機會請司機員介紹製糖工場裡的點滴故事；若開往糖廠外的鐵道，觀察過去供糖業事業用的廢棄磚造碉堡或其他建築群，更可體驗戰爭年代的軍事氣息。

　　臺糖公司溪湖廠、虎尾與善化糖廠、烏樹林休閒文化園區、新營廠及高雄廠，目前都仍留有鐵道路線開行觀光列車或製糖原料車，旅客可與廠方洽租巡道車或單節汽油車行駛特定路線。

　　此外，可以依照承租者的規劃停車，讓同好能在特定地點攝影，感受不同風格的糖業鐵道旅行，不過須事前電話連絡相關事宜並確認細節。

駕駛火車趣

　　早年南州糖廠曾經辦理過開火車體驗活動，遊客只要花費單趟新臺幣150元左右，就可以親自駕駛糖鐵德馬牌機關車，但後來諸多因素而停辦。

　　2014 年 3 月 7 日，臺電公司將林口電廠及龍井儲煤場負責煤斗車調度用的兩輛機車頭，贈與中華民國鐵道文化協會保存。其中編號 D-3 的日立機關車仍處堪用狀態，於舊打狗驛故事館動態保存，提供實際體驗火車駕駛與車輛保養的見習機會。

包
下
火
車
暢
快
玩

包租糖廠小火車

臺鐵客廳車多附掛於莒光號最後一節車廂，
特色是擁有客廳室和獨立瞭望臺

鐵道迷體驗開火車的樂趣

租用臺鐵客廳車

於活動時間前 35 天至 3 個月內，至臺鐵車站或網站填妥「臺鐵客廳車
租用申請單」，即可申請一輛 30 人座的客車。

費用：按包用區間之 52 張莒光號單程全票票價計，加酌收 300 元（一
名服務人員費用）；不滿 100 公里以 100 公里計價。（單程免收五成之車
輛迴送費。）

哪裡可以找到志同道合的鐵道迷夥伴？

「鐵道研究」的樂趣，需要親臨其中才能明白。鐵道研究領域如此宏大淵博，加上每個人專精或喜好的領域不同，因之形成各個鐵道同好社團與團體。若能透過社團或聚會分享、互相切磋，既增加研究樂趣，也更能拓廣鐵道知識與交流。

校園社團

學校社團活動性質的鐵道社，對象以學生為主。在社團活動時間內，同學們可以聚在一起分享與討論，也不定期地邀請鐵道專家、校友，辦理社團講座，經驗傳承。也有機會在假日不定期舉辦參訪或鐵道旅遊。

目前國內大專院校中，較具規模的鐵道社團是國立交通大學鐵道研究會，每年暑假皆會舉辦全國性的鐵道夏令營活動，廣徵來自各方的鐵道迷們共襄盛舉。

寒暑假期營隊

交大鐵道研究會、臺灣高鐵公司，經常舉辦寒、暑假的鐵道營隊活動，招攬對鐵道有興趣的學生參加。

營隊課程包括探索臺灣鐵道的現況、列車營運服務及維修作業，甚至親自體驗列車之旅，讓學生的假期既充實又有意義！

鐵道這一路上，我們不孤單！

鐵道同好共聚一糖廠

鐵道社團講座

筆者與交大鐵道
研究社成員合影

1. 暑假營隊「交通大學鐵道文化營」

　　　活動對象：全國高中職在學學生

　　　活動時間：每年暑假

　　　活動地點：交通大學新竹光復校區及各參訪地點

　　　報名方式：網路報名

2. 臺灣高鐵營隊

　　　活動對象：全國國小五、六年級生、國中、高中職、大專院校在校生

　　　活動時間：每年寒假及暑假

　　　活動地點：高鐵各基地

　　　報名方式：高鐵企業網站網路報名。

趣味社團

　　以乘車、攝影等趣味性交流為主，不定時舉辦研討、交換會與專題活動，如南方公園鐵道社團。

鐵道模型社團

　　由「車友」所組成的鐵道模型同好社團，以倡導及推展國內鐵道模型風氣為宗旨，不定期與各地車友舉辦全國性或國際性鐵道模型競賽，讓同好間互相傳授鐵道模型知識、技術。

　　臺灣車友不能像歐美、日本的俱樂部，擁有寬廣的場地製作大規模的鐵道模型場景運轉與交流，但許多鐵道模型俱樂部的車友們想出了一種同好交流的方式─由每個車友各自負責製作一塊小的場景模型板，活動時召

集各方車友，將大家各自完成、又具有個人色彩的模型場景組合起來。這種透過車友們的合作與巧思，串連成為精彩可期的大型鐵道模型運轉會。

文化學術性社團

　　以推廣鐵道學術、趣味及保護鐵道文化資產為訴求，也會定期舉辦參訪、體驗活動、專業講座等，如中華民國鐵道文化協會，即為國內第一個登記有案的鐵道文化社團。

鐵道愛好團體舉辦的特別列車活動

鐵路節是哪一天？

內政部於民國 45 年時，將 6 月 9 日訂為鐵路節，這源自 1881 年 6 月 9 日，中國史上第一條經政府批准興建的唐胥鐵路開工；這條由中國河北省唐山開平煤礦至胥各莊全長 9.7 公里的鐵路線，工程歷時半年完工，當時的清朝政府規定僅能以馬拉運車廂，第二年英國人才改以蒸汽機關車行駛。

巧合的是，被後人尊稱為「火車頭之父」喬治●史蒂芬生（George Stephenson，1781 年 6 月 9 日－ 1848 年 8 月 12 日）的生日也是 6 月 9 日！

近年來臺鐵常配合鐵路節推出相關慶祝活動；此外尚有地方政府不定期舉行主題系列活動，歡迎所有熱愛火車的大小鐵道迷共襄盛舉。

鐵道迷必讀的刊物有哪些？

　　早年由交大鐵道研究會創刊，目前由春臨臺灣文化事業坊所發行的《鐵道情報》雜誌，是臺灣現存最久的非官方鐵道相關雜誌。

　　1989 年 3 月創刊的《鐵道情報》一直是國內最重要的鐵道趣味綜合雜誌，20 多年來已成為鐵道迷心中經典，兼具知識、文化、趣味的內容，也曾被譽為臺灣鐵道迷的核心必讀刊物，甚至對國內鐵道文化、政策及趣味推廣都有相當影響力。

 鐵道情報雜誌

鐵道情報雜誌，
伴隨許多鐵道迷
一起成長

什麼是鐵道舊線跡探查？如何規劃執行？

舊線跡是指那些曾經在地圖上出現過、現今卻不再使用的鐵道路線；它們因為某種原因而拆毀或廢棄了，只留下一些遺跡，證明此條鐵路曾經存在過。

對於鐵道迷或歷史研究者來說，這些遺留下來的鐵道遺跡，是追溯這條消失鐵道的重要線索，若能加上舊地圖、舊照片的佐證，就能拼湊起一條早期鐵道的歷史，此即為「舊線跡探查」。

鐵道舊跡探查是一門結合人文歷史與土木工程的研究學問，當我們開始從事調查某一條舊線時，最好能事先了解這條鐵道的歷史，包括：路線的建造年代、工法、路線起迄點、興建目的、沿線有哪些站場或設施、橋樑、隧道等，都是拼湊遺跡線索的目標索引。

此外，舊地圖、官方公佈的空照圖，也是找尋當年舊鐵道線的重要訊息來源。近年來電子資訊發達，可藉由類似 Google-Earth 等網路地圖、衛星圖，套上各時期的電子地圖，比對現今差異，再使用 GPS 電子儀器定位系統前往該地探查。

甚至，某些 GPS 電子定位儀器可記錄你實地探訪所經的位置，作為事後比對探查路線的參考資料。

「計畫線」和「未成線」是什麼？也屬於鐵道舊線跡嗎？

「計畫線」是指曾被計畫興建但尚未實際建造的鐵道路線，簡言之就

歷史見證 —— 鐵道舊線跡

昔日的太平山林場線，鐵道路線已毀圮

嘉南平原上有許多糖鐵舊跡

是還在「紙上談兵」階段的路線。「未成線」則是指已動工興建，但因故未能完工通車、僅留下部分完成路線遺跡的鐵道路線，例如：新高港線鐵路。

所謂「鐵道舊線跡」，除了指鐵道拆除後所遺留下的痕跡，還可以廣義引申到與該鐵道有關的建築與事物、遺留下車輛均可以涵括之，甚至連「未成線」遺跡也可算是一種鐵道舊線跡。

如何探索火車的身世之謎？

每輛火車車體上，多半可以找到一塊由火車製造廠商所安裝的「銘版」，註明製造廠商名稱、日期等資料，彷若火車的身分證一般。

銘版通常沒有固定的安裝位置，多掛在車廂側邊或車廂內，有時也可以在駕駛艙內外發現它的存在。

除了銘版外，許多機車頭的動力系統，如馬達或引擎也會刻註型號、出廠流水號等資料。

最特別的是，有些蒸汽機車的動輪車軸上，也可以發現該車的編號喔！若讀者有機會到舊打狗驛故事館參觀，不妨找找看 CT259 動輪車軸上的編號，一起來揭曉這輛古董級火車身世之謎！

打狗故事館中的 CT259 號蒸汽機車，過去停駛後一直懸掛著 CT251 的車號牌展示，但是從車身動輪的連桿與輪軸上，找到刻有 C55 9 的編號，這代表了當年日本三菱重工業所製造 C55 型的第 9 輛車，臺鐵接收後 C55 型改稱為 CT250 型，因此由這些車身上的蛛絲馬跡，證明了這輛蒸汽火車就是 CT250 型中的最後一輛─ CT259 號。

火車銘版

糖鐵 543 號蒸汽火車銘版，由臺灣鐵工所於昭和 17 年（1942 年）10 月所製造，本車為該製造廠出廠的第 20 輛。

日本東京日立（HITACHI）公司於 1990 年製造生產的車輛。DR3000 型柴聯車。

臺北捷運德國西門子交通集團所製造的 C321 型車輛銘版，可以在上面看見這輛車是 1998 年所製造出廠的。

臺灣高鐵車輛銘版，上頭可以看見非常詳細的車輛資料。這部車是當時的臺灣新幹線株式會社承製，2004 年日本川崎車輛製造所製造 700T 型高鐵中的第 1 輛，這個銘版位在該組車輛中的第四節。此外，本節車列車重量與乘客數都標示的一清二楚。

臺鐵最新型的 EMU900 電聯車銘版。
2022 年由韓國購入，是目前區間車的主力車種之一。

3

營運車輛篇

懷舊騰雲號到飆速自強號

蒸汽火車的動力來源是什麼？

　　西元 19 世紀，世界上第一輛蒸汽機車問世，為世界交通運輸史寫下劃時代的重大變革。

　　蒸汽機車又名蒸汽火車，是以煤為燃料（也有燃燒重油的），將水燒開後產生大量蒸汽，作為推動火車前進的動力。因為在燃燒過程中會產生許多廢氣，所以蒸汽機車上頭都會有一座直筒或鑽石型的煙囪，如此一來可以利用熱氣向上對流的原理將廢氣排出，防止煤煙污染車廂。

 ## 蒸汽機車構造圖解

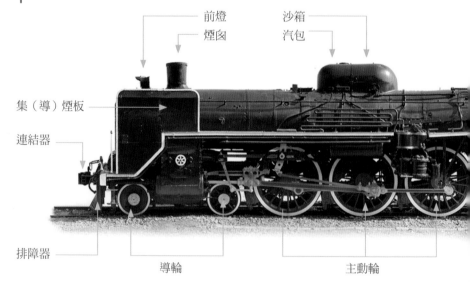

前燈　煙囪　沙箱　汽包
集（導）煙板
連結器
排障器
導輪　主動輪

CT273 是臺灣少數動態保存的蒸汽火車

LDK59 蒸汽火車配合郵輪式列車及鐵路節慶活動行駛於花蓮後站

　　隨著運輸科技的演進與環保意識的抬頭，電力機車與柴油機車成為當前的主力，老式的蒸汽機車逐漸減少，但其所乘載的歷史、情感、記憶與鐵道文化，實在無法輕易磨滅，如今也成為各國爭相保存的重要鐵道文化財。

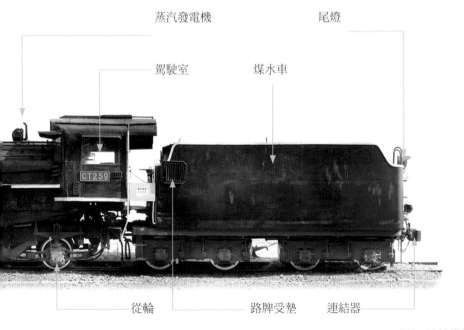

蒸汽發電機　　　　　　　　　　尾燈

駕駛室　　　　　煤水車

CT259

從輪　　　　　　　路牌受墊　　　連結器

（圖：陳健雄）

什麼是
水櫃式蒸汽火車？

蒸汽機車主要以車輪數量來分類，並可分為：

1. 華特式分類（Whyte's Notation）：以三組數字表示車輪的數量。其中第一組是指導輪數目，第二是動輪的數目，第三則是隨輪的數目。

2. 以英文字母分類：A 表示一對動輪、B 為二對動輪、C 則有三對動輪⋯以此類推。此為臺鐵所採用的分類方式。

另外，根據煤與水的配置位置，可再區分為「煤水車式」（Tender steam locomotive，代碼為 T）及「水櫃式」（Tank locomotive，代碼為 K）。

一般來說，水櫃式蒸汽機車，是指機車鍋爐旁附水櫃和煤炭櫃的機關車，駕駛室前後視野較佳，方便逆向行駛，但是不利於長途行程，常用於支線或車站內調車機。

煤水車式則是在機車後方加掛一節煤水車，增加蒸汽機車行駛的距離，因此適合作為長途幹線的運輸主力。

火車動輪

 臺鐵蒸汽機車編號大解密

❶ 3 對動輪
❷ 煤水車型
❸ 250 型的第 1 輛

K	水櫃式
T	煤水車式

 水櫃式蒸汽機車構造圖解

前燈　連結器
煙囪　煤櫃
汽包　駕駛室
沙箱　水櫃
主動輪　從輪

（圖：陳健雄）

臺灣何處還能聽見蒸汽火車的汽笛聲？

　　臺灣鐵道史上第一輛蒸汽機車，是 1887 年（清光緒 13 年）從德國引進的騰雲號，於 1891 年起行駛於基隆—新竹鐵道路線上，直到 1924 年才正式退休，現在靜態保存於臺北市二二八和平公園內。

　　目前臺鐵僅存 DT668、CK124、CK101、CT273、LDK59 ，阿里山森林鐵路 28 噸級的 21、25、26、31 及糖業鐵路 370、346、650 號仍以動態保存，希望能讓這項珍貴的鐵道產業得以永續活化保存。

 ## 臺灣現有動態修復蒸汽火車一覽表

編號（型式）	行駛路線	狀況	存放地點
CK101（CK100）	臺灣鐵路管理局	不定期行駛	動態保存於彰化扇型機車庫內
CK124（CK120）	臺灣鐵路管理局	不定期行駛	
DT668（DT650）	臺灣鐵路管理局	不定期行駛	
CT273（CT270）	臺灣鐵路管理局	不定期行駛	花蓮機務段
LDK59	臺灣鐵路管理局	不定期行駛	
21（28 噸 Shay）	阿里山森林鐵路	不定期行駛	北門車庫
25（28 噸 Shay）	阿里山森林鐵路	不定期行駛	北門車庫
26（28 噸 Shay）	阿里山森林鐵路	不定期行駛	北門車庫
31（28 噸 Shay）	阿里山森林鐵路	不定期行駛	阿里山車庫
370	臺灣糖業公司	例假日行駛	烏樹林糖廠
346	臺灣糖業公司	例假日行駛	溪湖糖廠
650	臺灣糖業公司	不定期行駛	蒜頭糖廠

（資料日期：2023 年）

蒸汽火車的美麗倩影

SL25 為臺灣少數動態保存的蒸汽火車之一

現展示於二二八紀念公園內的騰雲號,展示窗前的機
器定時播放蒸汽火車運行音效,讓訪客感受蒸汽火車
運轉聲音的魅力

自強號、莒光號和區間列車有什麼不同？

目前臺鐵的列車可略分為長途列車（包含自強、莒光號）與區間列車（含區間快及區間）。除了車輛外型、塗裝顏色與行車速度外，最讓一般乘客所關心的，是各級列車不一樣的列車票價！

現行票價的差異，除了取決於乘車的里程數之外，多半和車種、車廂差異有關。臺灣的鐵路運輸系統中，只有臺鐵以車種計價，主要根據不同等級列車的性能差異來表定不同的基本票價；車廂則少有分級差異。

不過，早在日治時期的臺鐵列車是有車廂分級制的：一輛列車內分為頭等廂、二等廂及三等廂，頭等廂的票價最高，車廂設備最好，二等則次之，依此類推。

臺灣光復後，臺鐵取消列車車廂的等級差異，改採以整輛列車車種之別來區分票價；如以現行（2023 年）票價為例，臺北─高雄的自強號平均票價為 843 元，莒光號為 650 元，若搭乘區間或區間快車則需 543 元。

1980 年，臺鐵曾推出「莒光特快附掛對號」，將唐榮公司新造的冷氣對號客車附掛於舊有的莒光號，成為臺鐵史上曇花一現的「莒興號」。

此類連掛兩種不同車種的列車，讓臺鐵廢除多年的車廂分級制度再次復活，不過由於同車卻不同廂等的價差造成收費紊亂，不久後即取消兩種列車連掛，分以「莒光號」與「復興號」為名，各自獨立上路。

後來臺鐵出現附掛商務車廂的自強號與莒光號列車，但現在僅剩下自

臺鐵列車一覽表

列車車種	基本票價	對號座位	冷氣設備	停靠站	列車型號
新自強號	每公里 2.27 元	有	有	蛙跳式停靠	EMU3000 型 (3000) TEMU2000 （普悠瑪） TEMU1000 （太魯閣）
自強號	每公里 2.27 元	有	有	蛙跳式停靠	PP1000 型推拉式自強號
莒光號	每公里 1.75 元	有	有	蛙跳式停靠	FPK 系列客車
區間快車	每公里 1.46 元	無	有	蛙跳式停靠	EMU500 ～ 900 型
區間車	每公里 1.46 元	無	有	各站皆停	EMU500 ～ 900 型 DMU1000 型等
普快車	2021 年後僅開行觀光列車「藍皮解憂號」開行，票價由經營旅行社另訂	無	無	郵輪式列車	TP 系列客車 SPK 系列客車

註：愛心票、敬老票等不在此列。（資料日期：2023 年）

強 3000 騰雲座艙這樣的商務車廂。商務車廂不同於傳統對號列車 2+2 座椅，而是採用較為寬敞的 1+2 座椅服務，還有許多貼心的設施配備，相當高級而舒適。想當然爾，設備的提升也會反映在票價上，因此新自強號中的第 6 車廂騰雲座艙莒光號是以一般自強號票價的 2.2 倍計算。除了臺鐵新自強號有商務車廂，高鐵及阿里山森林鐵路也有商務車廂，若想體驗搭乘商務車廂的不一樣，訂票之前可得特別留意時刻表中的註記欄。

什麼車有「鐵道界大力士」的霸名？

　　自 1979 年西部幹線電氣化後，臺鐵分別從美國奇異（GE）公司及英國引進電力機車，成為臺鐵電氣化幹線鐵路的運輸主力。

　　臺鐵的電力機車利用鐵軌上方的架空電線及機車上的集電弓，將所需的電力引入機車裝置後，經變壓器降壓，驅動車身馬達而產生牽引力，列車因此能順利運行。

 ## 電力機車構造圖解

前燈　　　　　　　　　　集電弓

電車接觸線

E309

連結器　　　　　　轉向架　　　　控制設備

　　雖然鐵道路線因電車線的設置而提高成本，但是以電力為動力來源的電力機車，卻比柴油機車和蒸汽機車的運行效率高，所以堪稱為「鐵道界大力士」。

　　目前臺鐵所使用的電力機車中，E100 ～ 400 型電力機車可以連接在列車的最前端，牽引客貨車前行。其中來自英國的 E100 型已除役，僅留一輛 E101 動態保存；美國奇異 GE 公司製造的 E200、E300 與 E400 型，外型差異不大，僅在內部機電與動力齒輪比有些許差異。

　　除此之外，臺鐵在 1996 年從南非進口「推拉式（push-pull）」E1000 型機車，採一推一拉的方式聯控牽引列車，比傳統一輛電力機車頭的動力更大，更可以說是電車界中的超級「鐵道大力士」。

真空斷路器　　　駕駛室　　　　　　前燈

E309

馬達裝備室　　　轉向架　　　　　連結器

（圖：陳健雄）

什麼是
推拉式自強號？

　　早期的火車，幾乎都是由機車頭（火車頭）在列車前端牽引無動力的客貨車，這種將整輛火車的動力集中於車頭的型式，被歸類為「動力集中式」的列車。

　　1996 年，臺鐵自南非引進 E1000 型推拉式電力機車，作為新型的自強號列車的主力。E1000 型將動力集中在車頭與車尾兩端，中間則是連掛數節無動力的車廂；當列車運轉時，由頭尾兩端的電力機車，以一推一拉（push-pull）的方式牽引列車前行，故稱為推拉式電力機車，又稱為 PP自強號。

　　推拉式自強號機車動力系統，是第一款採用可變電壓可變頻率（VVVF）控制搭配三相交流感應馬達的動力機車，並且於配置整列車的頭、尾部運轉，是臺鐵西部幹線自強號列車的主力車種。

（圖：陳健雄）

PP 自強號車廂編號大解密

3 5 P P C 4 0 5

❶   ❷   ❸

❶ 35：35 噸重的 PPC 車型（若為 PPD 或 PPT 車型則標記為 40 噸重）

❷ PP：push-pull 縮寫

❸

T	無動力客車車廂
H	附設殘障座位的客車車廂
♛ C	附列車長室的車廂
D	速簡餐車（現多改為快遞車、行李車或腳踏車托運服務的車廂）

什麼是電聯車？
電聯車有什麼優點？

電聯車（Electric Multiple Unit，EMU），又稱為「電聯車組」，是由具有駕駛室的馬達車、裝有集電弓的動力車及無動力的拖車等編組成一列的車組。

電聯車組的優點是動力強，以臺鐵最常見的 EMU500 型電聯車為例，一組四節的動力車組中，有兩節是附有動力的馬達車，各備有兩具 250 kW（千瓦）的馬達，因此一組電聯車便有 1,000 kW 的動力。此外，這種列車不需調頭的特點，更有利於列車在終點站與起始站的調度。

臺鐵最早引進的電聯車組，是 1979 年由英國 G.E.C 製造的第一代自強號 EMU100 型，後來陸續引進 EMU200 型及 300 型（其中 EMU200 型已改造為 EMU1200 型）。為了因應臺鐵捷運化的需求，自 1990 年起再度引進 EMU400、500、600、700、800、900 型等通勤型電聯車組，擔任區間載客的任務。

列車目的地顯示器（行先板）
空調主機
集電弓
旅客乘車門
駕駛門
動力馬達及機電設備
連結器罩（內有連結器）

EMU800 通勤電聯車（圖：陳健雄）

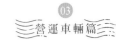

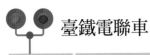

臺鐵電聯車

車種	型號	最高速度	現況
EMU100	自強號	120km/hr	2010 年退出定期列車營運
EMU200	自強號	120km/hr	2002 至 2003 年間全數改造為 EMU1200 型
EMU300	自強號	130km/hr	2021 年退出定期列車營運
EMU400	區間車	110km/hr	2015 年退出定期列車營運
EMU500	區間車 / 區間快	110km/hr	現役
EMU600	區間車 / 區間快	110km/hr	現役
EMU700	區間車 / 區間快	120km/hr	現役
EMU800	區間車 / 區間快	140km/hr	現役
EMU900	區間車 / 區間快	140km/hr	現役
EMU1200	自強號	120km/hr	2022 年退出定期列車營運
EMU3000	自強號（3000）	150km/hr	現役
TEMU1000	自強號（太魯閣）	130km/hr	現役
TEMU2000	自強號（普悠瑪）	140km/hr	現役

（資料時間：2023）

EMU900 區間車

太魯閣自強號

EMU3000 自強號

EMU500 型
電聯車的編組

| 45 E
MC 500 | 45 E P
500 | 45 E T
500 | 45 E M
500 |

電聯車的神祕編號

45 ： 表示車廂噸數為 45 噸

E ： 代表該列車為 EMU 電聯車，取其型號的第一個英文字母

M ： 有駕駛室的馬達車

C ： 附有車長室

T ： 無動力拖車

P ： 附集電弓的無動力拖車

500 ： 表示該列車為 500 型

EMU500 型電聯車

柴油機車與電力機車如何分類？

　　不同於蒸汽火車採用華特式或英文字母的分類，世界上的柴油與電力機車常採用「標準分類法」，這是以英文字母及阿拉伯數字分別代表動輪軸與非動輪軸數目，再以「＋」或「－」符號，表示動輪軸是否以機械相連接，換句話說是以動力車下的動輪數與連接狀態來區分動力機車的形式。

　　舉例來說，Bo+Bo 表示兩軸轉向架彼此以機械相連接的機車，Co-Co 表示三軸動輪轉向架彼此獨立出力，如 R150、E200 型。

 ## 從編號分辨臺鐵的柴電與電力機車

R 152　　　　E 202

R：表示柴電
（S：調車機）
152：表示 150 型的第 2 輛

E：表示電力機車
（E 為 electric 的縮寫）
202：表示 200 型的第 2 輛

柴油機車可以在非電氣化鐵路上行駛嗎?

柴油機車是繼蒸汽、電力機車之後,最為被廣泛使用的動力機車,因為它在電氣化與非電氣化區間的鐵路上皆可以順利運行。

柴油機車的正確名稱應該稱為「內燃機車」,柴油是內燃機所使用的

柴液機車 V.S 柴電機車

柴液機車是引擎產生動力後,經由液體變速器傳送至車軸使車輛前進,比柴電機車產生的馬力來得少,但整體來說車身重量較輕,故常成為調車機或輕便鐵路的主力車種。

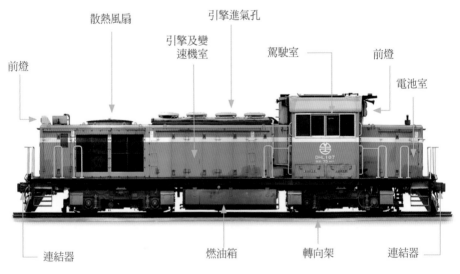

前燈　散熱風扇　引擎進氣孔　引擎及變速機室　駕駛室　前燈　電池室

前燈

連結器　燃油箱　轉向架　連結器

（圖：陳健雄）

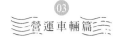
燃料之一。在臺灣的鐵道車輛歷史中，還曾出現過使用汽油、酒精，甚至混合油質作為內燃機的燃料。

內燃機車又再細分為：以柴油機發電，再以電力驅動馬達的「柴電機車（diesel electric locomotive）」，及以柴油發動引擎，透過液體變速器直接輸出動力的「柴液機車（diesel locomotive）」。

柴油機車頭的牽引力強，速度較蒸汽火車快，加上容易操作控制及維修，整體效益較高，不但是世界上許多國家未電氣化路段的主力，也是目前臺灣許多產業鐵道所選用的動力車頭。

柴電機車擁有較大的牽引力，適合擔任主幹線上的動力機車。

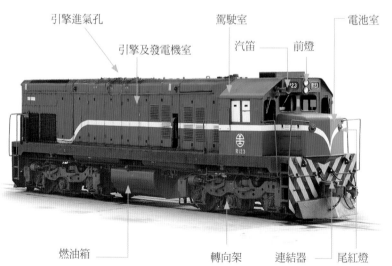

引擎進氣孔　　　　　駕駛室　　　　　電池室

引擎及發電機室　　汽笛　　前燈

燃油箱　　　　轉向架　　連結器　　尾紅燈

（圖：陳健雄）

 # 什麼車不需要火車頭也能前進？

　　早期的火車，是由具有動力的機車頭牽引客車前行，屬於動力集中式的車組。直到動力客車出現，才打破非有火車頭不可的運行規則，火車再不需要火車頭也能前行。

　　這種「不需要火車頭」的動力客車，本身具有動力，其發明源於古老的路面電車動力客車，結合動力機車頭與客車車廂的功能，將動力分散在單節或多節車廂，為動力分散式的車組。根據編組方式與數量的不同，可再分為單節動力客車與動力客車組來討論。

　　單節動力客車（Railcars）

　　這類型的動力客車可單獨運行。其動力來源包括蒸汽、汽油、柴油與電力等四種。1915 年時，日本人曾引進以蒸汽為動力來源的蒸汽機動車，其客車裝有小型蒸汽機，多行駛於臺鐵淡水線上。

　　1932 年，日人開始引進圓弧型車頭的汽油動力客車（目前臺北車站後方有一輛復刻版圓弧型的汽油動力客車）。另外，烏樹林糖廠保存的勝利號、成功號「汽動仔」動力客車，都是單節汽油動力客車的代表。

　　至於臺鐵支線上常見的 DRC1000（DR1000）型客車，則是以柴油引擎為動力的動力客車。

　　動力客車組（Multiple-Units）

　　顧名思義，可解釋為將單節的動力客車串接編組以增加運量，其靈活

路面電車

路面電車是一種有固定軌道路權的交通工具，多以單節車廂運行於市區街道，也可因應運量連掛多節車廂；因其便利、機動性高的優勢，遂被延伸運用於（狹義的）鐵道，影響動力客車的發明。

的編組與高度機動性，成為現在鐵道車輛的主流。

這些客車組的動力來源有二，以柴油為動力的動力車組稱為柴聯車（DMU；Diesel Multiple Units）；以電力為主的就是電聯車（EMU；Electric Multiple Units）。

多節車廂的動力客車組，通常包含許多不同功能的車廂，包括有駕駛室的車廂、動力車廂（電力馬達或柴油引擎）及沒有動力的拖車（客車或貨車）等。

「沒有火車頭」的動力客車

新營糖廠勝利號

臺糖鐵路巡道車

（圖：陳健雄）

EMU700 型電聯車，是使用電力的動力客車組

DRC1000 型柴聯車，是
利用柴油的動力客車組

臺鐵有哪些種類的客車？各有什麼用途？

火車通常是由一部具有動力的火車頭牽引一節又一節的無動力車廂迤邐前行。這些無動力車廂的功能是載客或運送貨物，也是列車中非常重要的設施。

臺灣鐵路史上最早的客車車廂是木造的，直到日治末期，才開始出現鋼體客車。除了車廂建物材料的使用與時俱進外，也開始發展出各種不同用途的客車，例如餐車、臥車、行李車、電源車等特殊客車，以因應旅客不同的需求。

目前臺鐵常態使用的客車，多為普通載客車廂，大致可分為無空調列車與空調列車。

 ## 從編號看臺鐵客車的等級與用途

❶ 客車重量 40 公噸。
❷ 客車為二等客車。
❸ 表示附有特殊裝置，K 是指附有車長閥。
❹ 20000 型的第 8 輛。
❺ 附化妝室的車廂。

編號	用途
FP 或 FPK	頭等車（如：莒光號商務車廂）
SP 或 SPK	二等車（如：復興號）
TP	三等車
PBK	電源行李車
BK	行李車
MBK	郵政行李車
SA	花車
PC	客廳車
DC	餐車

客車等級大不同

木造花車

新自強號車廂

區間車車廂

無冷氣普快車廂

特殊客車
─
餐車、客廳車

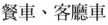

林業鐵路的客車

阿里山森林鐵路的客車，分為三大類，列車編號如下：
1. 一般列車：SPC 開頭。
2. 祝山線列車：編記「祝」字。
3. 檜木列車：列車編號為 TC 開頭。

穿梭盤繞阿里山森林的小火車

阿里山全檜木打造的福森號車廂

檜木車廂內觀

阿里山空調車廂

為什麼臺鐵貨車上有奇怪的注音文？

臺鐵為了送運各式各樣的貨品，因而發展出形色各異、用途不同的貨車，包括「敞車」、「篷車」、「平車」、「罐車」與掛在列車尾端的「守車」，以及其他依貨物的特性與需求而衍伸出來各種貨車。

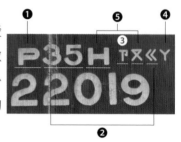

我們可以在臺鐵的貨車車身上看到「注音符號」，這是一套源自「國音電碼」的識別方式。只要能夠解讀這些注音符號所代表的意涵，就能知道這節貨車的用途與限制，這可是全世界獨一無二的鐵道特色喔！

1. 特殊規格（非每輛車都有註記）

K	表示貨車有車長室
P	是企業自備的貨車

2. 載重噸數（記憶口訣：興中華、憑愛國、拚命做）

噸數	10	15	20	25	30	35	40	45	50
符號	ㄒ	ㄓ	ㄏ	ㄆ	ㄞ	ㄍ	ㄣ	ㄇ	ㄛ

3. 表示用戶自（ㄗ）備（非每輛車都有註記）

4. 特殊形式（非每輛車都有註記）

ㄠ	小	ㄊ	特殊或同種車輛用途不同
ㄒ	更小	ㄇ	敞車側門可全開
ㄅ	大	ㄤ	有通風窗設備
ㄚ	較大或有特殊裝置		

5 車種

車種	英文符號	國音電碼	電碼來源
非常搶修車	E	ㄈ	非（ㄈ）常車
工程車	E		
工程宿營車	ES	一	宿營（一）
專用守車	AK	ㄍㄅ	有蓋（ㄍ）手軔（ㄅ）車
蓬守車	CK	ㄍㄅ	有蓋（ㄍ）手軔（ㄅ）車
敞守車	GK	ㄨㄅ	無（ㄨ）蓋手軔（ㄅ）車
通風車	V	ㄥ	通（ㄥ）風車
冷藏車	R	ㄌ	冷（ㄌ）藏車
家畜車	K	ㄐ	家（ㄐ）畜車
豬車	P	ㄓ	豬（ㄓ）車
蓬車	C	ㄍ	有蓋（ㄍ）
鐵蓬車	S	ㄝ	鐵（ㄝ）蓬車
平車	F	ㄆ	平（ㄆ）車
蓬車代用平車	CF	ㄆㄍ	
敞車代用平車	GF	ㄆㄨ	
大物車	D	ㄅ	大（ㄅ）物車
敞車	G	ㄨ	無（ㄨ）蓋車
石碴車	B	ㄚ	石碴（ㄚ）車
石斗車	BH	ㄕㄊ	石（ㄕ）頭（ㄊ）車
煤斗車	H	ㄡ	煤斗（ㄡ）車
水泥斗車	CH	ㄕㄟ	水（ㄕㄨㄟ）泥車
穀物蓬斗車	N	ㄋ	
純鹼斗車	SH	ㄎㄡ	苛（ㄎ）性蘇打
廢料車	TH	ㄈㄟ	廢（ㄈㄟ）料車
水罐車	W	ㄕ	水（ㄕ）罐車
糖蜜罐車	MT	ㄇ	糖蜜（ㄇ）罐車
油罐車	L	ㄩ	油（ㄩ）罐車
汽油罐車	GT	ㄑ	汽（ㄑ）油罐車
柏油罐車	PT	ㄅㄨ	柏（ㄅ）油罐車
酒精罐車	L	ㄖ	
液氨罐車	AT	ㄛ	
液鹼罐車	CT	ㄎ	苛（ㄎ）性蘇打
鹽酸罐車	HT	ㄠ	
硫酸罐車	ST	ㄙ	硫酸（ㄙ）罐車
硝酸罐車	YT	ㄒ	硝（ㄒ）酸罐車
液苯罐車	ZT	ㄅㄧ	液（一）苯（ㄅ）罐車
甲苯罐車	TT	ㄐㄅ	甲（ㄐ）苯（ㄅ）罐車
烷基苯車	BT	ㄅ	烷基苯（ㄅ）罐車
氯乙烯罐車	VT	ㄌㄨ	氯（ㄌㄨ）乙烯罐車
丙烯腈車	NT	ㄅㄒ	丙（ㄅ）烯（ㄒ）氰罐車
二氯乙烷罐車	ET	ㄦㄌ	二（ㄦ）氯（ㄌ）乙烷罐車

⬤⬤ 其他貨車

石碴車

篷車

解讀油罐車的神祕注音文

油罐車

30 L ㄩㄞ

30 噸

北埔中油支線上早年常有不定期有油罐車經過

阿里山小火車的票價如何計算？

　　阿里山林鐵和臺鐵列車一樣依車種及里程數計費，現行車種包括為阿里山號、中興號與普通車，不過有時為因應眾多旅客需求，另於阿里山號加掛普通車廂，並採中興號或普通車的票價計費。

　　阿里山森林遊樂區支線的票價則無車種之別，而是依據路線之別而有不同的收費。

阿里山森林鐵路列車一覽表

列車車種	基本票價	對號座位	冷氣設備
阿里山號	8.33 元 / 每公里，起碼里程 6 公里	有	有
中興號	7.50 元 / 每公里，起碼里程 6 公里	無	有
		無	有

註：愛心票、敬老票等不在此列。　　　　　　　　　　　　（2023 年資料）

阿里山森林遊樂區各支線票價表

支線別	祝山線		神木線		沼平線	
票種	單程	半價	單程	半價	單程	半價
票價	150	75	100	50	100	50

註 1：愛心票、敬老票、回數票、定期票等不在此列。　　　（2023 年資料）
註 2：祝山線至對高岳站則為單程 120 元，半價 60 元。

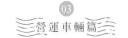
阿里山森林鐵路

臺灣少數保存完整的高山林業鐵路,現主要功能為觀光客運。

什麼是傾斜式列車？
有哪些優異性能？

　　「傾斜式」列車，又被稱為「擺錘式」列車、「鐘擺式」列車或「振子」列車；顧名思義，是指車身會傾斜搖擺的列車。

　　因應臺鐵宜蘭線及北迴線路段多彎道的特性，臺灣鐵路管理局自日本引進 TEMU1000（太魯閣自強號）及 TEMU2000（普悠瑪自強號）兩款傾斜式列車（Tilting Train），提高列車行駛車速，也改善東部幹線的營運效率。

　　傾斜式列車透過車上的控制系統，讓行駛中的車體，在過彎時向內傾斜，使重心內移與過彎產生的離心力相平衡，以減緩乘客的不適感。

　　利用自動防護系統（ATP）控制列車行駛速度，接收到訊號的傾斜式列車，會在行進中調整車廂傾斜角度。

　　傾斜式列車進入彎道起始處的前 50 公尺時，車內的中控電腦（CC）開始發出傾斜指令，傳送至各節車廂的傾斜控制裝置（TC）：

1. 第一節車廂在彎道起始處前 10 至 40 公尺處，車身轉為傾斜。

2. 約行駛 20.5 公尺後，第二節車廂 TC 接收 CC 指令，亦準備開始傾斜，後續車廂依此類推作動。

3. 第一節車行駛至彎道終點前 10 至 40 公尺處時，車身轉而回復正位，後續車廂也依序作動。

嶄新的普悠瑪自強號列車內觀

一般列車 VS. 傾斜式列車

一般列車
過彎時，離心力較大，乘客容易重心不穩，因此列車轉彎時需減速，以抵消離心力。

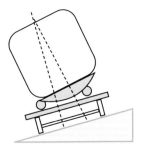

傾斜式列車
過彎時車身微傾斜，抵消離心力，因此在高速過彎時，車身能仍保持平穩，使旅客乘坐舒適。

臺北捷運列車也是電聯車嗎？

臺北捷運系統分為中運量系統與高運量系統，前者以文湖線（木柵線＋內湖線）為代表，車輛採用法國馬特拉公司所製造之 VAL256 型電聯車及加拿大龐巴迪所製造之 BT370 型電聯車。

中運量系統的列車採用膠輪自動導引系統，完全由控制中心電腦自動控制列車之的運行、車門啟閉等動作，必要時也可採用人工方式駕駛。最高營運時速每小時 80 公里、最大爬坡 6%、最小曲率半徑 30 公尺。每節車廂可載運 114 人（座位 24 人、立位 90 人）。

高運量系統則以新店線、淡水線為代表，車輛由美國鐵路聯合機車集團（URC）、德國西門子及日本川崎重工製造，每列車由兩組配對，每組三輛，共計六輛車組成。另有行駛於支線，以單組三輛車為一列的車組。

高運量電聯車正常狀況下為 ATO 自動駕駛及到站自動開門，司機員全程監控並負責操作關門作業，僅迴送、測試列車或異常狀況時才由司機員手動介入駕駛列車，行控中心則是監控的角色。最高營運時速每小時 80 公里。每節車廂可載運 370 人（座位 60 人、立位 310 人）。

臺北捷運列車一覽表

	車型	製造年份	製造商	數量	配置機廠
高運量	C301	1992 ~ 1994	美國鐵路聯合機車集團（URC）/ 日本川崎重工	44 組 22 列	北投
	C321	1998 ~ 1999	德國西門子	72 組 36 列	南港、土城
	C341	2003	德國西門子	12 組 6 列	南港
	C371-3	2005 ~ 2007	日本川崎重工	38 組 19 列 3 組 3 列（支線三車組）	新店 北投（支線三車組 1 列）
	C371-4	2008 ~ 2009	日本川崎重工	66 組 33 列	蘆洲、新莊
	C381	2010 ~ 2011	日本川崎重工	46 組 23 列	北投、新店
中運量	VAL256	1990 ~ 1992	法國馬特拉	51 對	木柵、內湖
	BT370	2006 ~ 2007	加拿大龐巴迪	101 對	木柵、內湖

註：高運量一組 3 輛車；中運量一對 2 輛車。

 高運量捷運車廂的編碼是什麼意思？

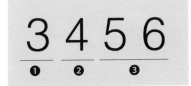

❷ 車型

0	301
1	321
2	341
3	371-3
👑 4	371-4
5	381

❶ 車廂種類

1	駕駛動力車（DM1）
2	拖車（T）
👑 3	動力車（M2）/ 駕駛動力車（DM2）；僅適用三車組

❸ 流水編號

高雄捷運列車和臺北捷運有什麼不同？

高雄捷運的高運量路線列車，是採用德國西門子交通事業公司—奧地利廠製造的電聯車。

該批次列車於 2005 年 5 月出廠，在西門子公司自有的軌道車輛測試中心，經過一連串的動態與靜態試車後，同年 10 月起，採兩列 6 節車廂聯掛，直接通過鐵路分批輸送到德國漢堡港上船啟航。2007 年 5 月 22 日，最後一組車抵達高雄港，126 輛車廂（42 組／列）全數到位。

高捷電聯車的設計概念，主要是參考臺北捷運的高運量電聯車，包括列車造型、車體材質、車門數量以及列車性能等，皆與臺北捷運列車相似。不過為了因地制宜，故修改車廂設計為長 21900mm、寬 3150mm、高 3750mm（鐵軌面至車頂空調機）的尺寸，長與寬皆較北捷車廂來的小，以適用於高雄捷運路線的環境。

高雄捷運車廂的編碼是什麼意思？

❶ 表示車種。1 是 DM 動力駕駛車，2 是 T 拖車。

❷ 該列車為高雄捷運第一批車輛。

❸ 流水編號。

11 01

高雄捷運車廂內觀

小而巧的高雄捷運列車

臺灣新幹線 — 高鐵
最高時速是多少？

臺灣高鐵採用日本川崎重工業株式會社負責研發製造的 700T 型列車，以當時日本最具尖端技術的 700 系新幹線電聯車為參考藍本，打造 9M3T（9 節馬達動力車與 3 節拖車）一列的 12 節電聯車，車速最高可達 300km/h。

 ## 高鐵車廂編號大解密

高鐵車廂編碼為 100 — 01 ～ 100 — 12 的一連串數字。究竟這些數字代表什麼意義呢？

❶ 列車引進批次。「1」是指高鐵公司第一批引進的列車，也就是 2006 年引進的所有列車。「3」是 2013 年引進的第二批列車。

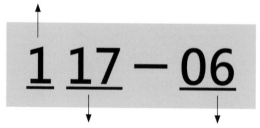

1 17 – 06

❷ 車組編號。「17」即是指第 17 號車組。

❸ 車廂編號。如 6 車為「06」。

什麼是 M/T 比？

代表一組電聯車的動力馬達車（M）與無動力拖車（T）的比例。一般而言，M/T 比越高，代表動力馬達車數越多，列車動能也越大。

附有牽引馬達的高鐵列車轉向架

高鐵 700T 型列車規格

馬達／拖車比（M/T 比）		3：1（9 節馬達動力車與 3 節拖車）
單元組成		每單元 4 節車廂
搭乘人數		989 人（標準車廂 923 人、商務車廂 66 人）
最高時速		300km/h
動加速		2.0km/h/s
車身尺寸	長	前頭車 27m、中間車 25m、寬 3.4m
	高	車頂 3.65m、加集電弓摺疊高度 4.49m
車組長度		304m
車組輸出功率		10,260kW
驅動裝置		VVVF 感應馬達驅動
煞車		（M 車）再生煞車與電力指令空氣煞車併用
		（T 車）渦電流煞車
車體		大型鋁合金擠型中空材
轉向架		無枕樑式轉向架（輪徑 0.86m、車軸距 2.5m）
集電弓		單臂式
安全裝置		數位式 ATC

高鐵車廂有幾節？
商務車廂在第幾節？

　　不同於臺鐵的票價設計，臺灣高鐵列車並沒有區分車種，無論是直達車，還是各站都停的列車，基本票價皆相同。

　　一般列車內則採取三級車廂制度，分為商務車廂、標準車廂及自由座車廂，票價自然也有所區別。2023 年現行票價—南港到左營的商務車廂票價為 2500 元，標準車廂為 1530 元，自由座車廂則為 1480 元

　　高鐵商務車廂中，設有 2+2 席坐臥兩用座椅，兩列間隔 1,160mm、座椅寬 475mm，可說是相當寬敞舒適。在商務艙的座椅中間的扶手上，設有耳機座、110V 電源插座與閱讀燈，椅背有餐桌及置物籃，下方有腳靠，搭配低調奢華的酒紅色系絨布座椅，營造出柔和舒適的客艙空間。

　　標準車廂則為 3+2 席傾斜式座椅，兩列之間距離 1,040mm，寬430mm（三排座椅中間的 B 座　460mm），椅套採用明亮的藍色系，車廂整體感覺明亮乾淨、清爽俐落。

　　自由座車廂的配備與標準車廂相若，但是不接受劃位，持自由座車票的旅客，需於自由座車廂內找尋空位搭乘，如無空位時，僅限站立於自由座車廂及自由座車廂玄關等不影響其他旅客上下車處，不可站立於對號座車廂。

高鐵列車車廂配置圖

| 1 號車
標準車廂 | 2 號車
標準車廂 | 3 號車
標準車廂 | 4 號車
標準車廂 |

| 5 號車
標準車廂 | 6 號車
商務車廂 | 7 號車
標準車廂 | 8 號車
標準車廂 |

| 9 號車
標準車廂 | 10 號車
自由座車廂 | 11 號車
自由座車廂 | 12 號車
自由座車廂 |

←左營端　　　　　　　　　　　　　　　　　臺北端→

各級車廂內觀

商務車廂

標準車廂

什麼車是臺灣最重量級的火車？

位在高雄小港的中鋼公司，廠區內負責載運滾燙鐵水的鐵水運輸車，俗稱：「魚雷車（Torpedo Ladle Car）」，是臺灣鐵道上最重的火車。

魚雷車是煉鋼廠專用的運輸載具，由於外型神似一個超級大魚雷，因此國外的鋼鐵廠便戲稱其為「Torpedo Car」，久而久之也沿用成為這類火車的正式名稱。

在製鋼過程中，魚雷車負責載運高爐產製的熔融鐵水至下一個製程。由於車體須承受 1400 度的高溫，所以得採用耐火磚來保溫與隔熱，使得魚雷車的淨重量可重達 200 噸以上，載滿熔融鐵水時，全車更是高達 450 噸到 600 噸間。

為了乘載如此重量級的魚雷車，每部車都配備有六個輪軸來支撐。

截至 2014 年的資料統計，中鋼廠區尚在使用的魚雷車共計 63 輛（總計 66 輛，3 輛報廢）；根據不同的製造廠與規格，可分為以下四類：

製造廠	編號	淨重	滿載
法國製（De Dietrich）	1 ～ 13 號	200 噸	450 噸
日本製（Nippon Steel）	14 ～ 25 號	250 噸	575 噸
美國設計（Pecor）臺灣機械公司組裝	26 ～ 45 號	250 噸	575 噸
中鋼公司設計臺灣機械公司組裝	44 ～ 66 號	250 噸	575 噸

 ## 百噸魚雷車

魚雷車負責載運熔融鐵水,其溫度之
高,由熔毀的車身處可見一斑。

機務運轉篇

火車不相撞、會轉彎的大哉問

THE BOOK FOR
RAILFAN

火車駕駛室裡頭有哪些精密儀器？

　　駕駛室通常位於列車的最前端，是司機操控火車運轉的地方，根據車輛種類、型號的不同，各車種列車的駕駛室會有相當大的差異。

　　本篇列舉臺鐵普悠瑪自強號列車與古老的蒸汽火車，為大家揭開列車駕駛室的神祕面貌，一窺司機員操控列車運轉的秘密。

普悠瑪新自強號駕駛室

　　普悠瑪新自強號（TEMU2000 型）由兩組共八節車廂連接運行，每組車的前端有一個駕駛室，整列車的頭、尾處各有一座駕駛室。

　　駕駛室內有控制車輛的操控臺、列車狀況顯示器、無線電通信設備、保安設備等，司機可藉由列車狀況顯示器瞭解列車內、外的情形，隨時掌握列車動態，除了讓列車保持正常行駛，也可以隨時處置各種緊急事件。

蒸汽機車駕駛室

　　不同於現今車輛多設置自動化與電腦化的控制裝置，不需要太多人力操作，古老蒸汽機車的駕駛室內必須配有一名以上的助理司機員來協同司機操控火車。蒸汽機車駕駛工作相當辛苦，除了要忍受攝氏 50 度以上的高溫環境外，還可能大量吸入煤煙與灰塵。

　　蒸汽機車的司機透過控制蒸汽閥等裝置，掌控車輛的速度，助理司機

員則負責投煤入鍋爐、給水調節等工作，因此司機與助理司機員間搭擋的默契也是火車順行的關鍵。

普悠瑪新自強號 VS. 蒸汽火車

TEMU2000 型普悠瑪新自強號列車

DT668 蒸汽火車

普悠瑪新自強號駕駛室

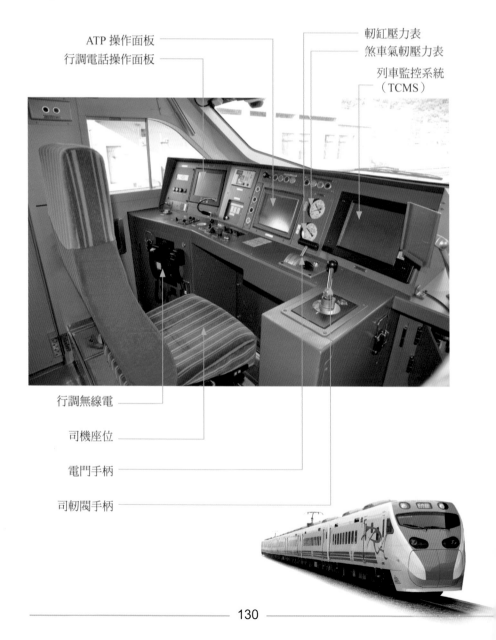

ATP 操作面板
行調電話操作面板

韌缸壓力表
煞車氣韌壓力表
列車監控系統
（TCMS）

行調無線電
司機座位
電門手柄
司韌閥手柄

 蒸汽機車駕駛室

汽缸壓力表

調節閥手柄

鍋爐壓力表

汽笛

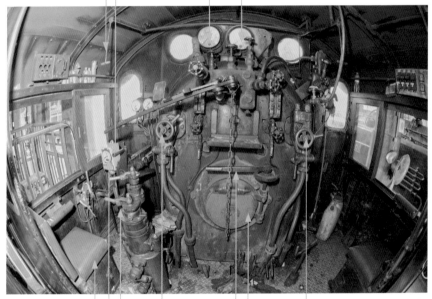

（劉俊賢攝）

司機座位

給水閥

車速表

鍋爐門開啟手柄

司軔閥手柄

鍋爐門

給水閥

火車車廂是如何連結在一起的？

　　為了運輸需要，一列火車常是由數量不等或用途不同的車廂連接；而車廂之間藉由「連結器（Coupler）」相互銜接，是連結車廂不可或缺的重要元件。

　　最早的連結器構造相當簡單，僅以鐵鉤鍊條連接兩個車廂，安全性較低。後來為了減少列車啟動或減速時所造成的接擊力，逐漸演進為設有緩衝器的「中央緩衝式連接器」。這類型的連結器可於早期的蒸汽火車上見得，例如現存於臺北市 228 公園內的騰雲號。

　　隨著交通運具的革新，火車連結器又進一步演進成為插銷連環式，即使用一支連環插銷，套入兩節車廂的接榫裝置中，讓車廂間的摘掛作業更加快速簡便，但缺點是強度不足，僅有糖鐵與林鐵仍使用這類的連結器。

　　現在臺鐵、高鐵與捷運列車則是使用較先進的「自動連結器」與「密著連結器」，除了易操作、安全性更高之外，也減少連結器之間的縫隙，使得列車間的衝撞作用大幅減少，增加旅客乘車的舒適感。

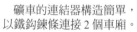

礦車的連結器構造簡單，以鐵鉤鍊條連接 2 個車廂。

連結器的變化與演進

插銷

緩衝式

插銷連環式

自動連結器

密著連結器

決定火車車輛穩定性的關鍵設施是什麼？

　　轉向架（Bogie）位於列車車廂下方，日文漢字寫為「台車」，用於支撐整個車體的重量、導引列車鋼輪沿著鐵軌運行，讓列車順利通過彎道。

　　轉向架上安裝避震裝置，能有效減緩列車運行時的晃動程度。倘若轉向架設計精良，列車車廂有較高的穩定度，也增加乘客乘坐的舒適性。

　　轉向架有各種不同型式，以車軸數區分，可分為單軸、二軸及三軸轉向架。現今鐵道車廂大多採用軸距約為 2.5 ～ 3.0 公尺的二軸轉向架。

　　如以車種區分，則有客貨車轉向架及動力車使用的轉向架，二者主要的差別在於動力車的轉向架，多了牽引馬達與相關動力配備；而客車轉向架裝有較多的減震系統，增加旅客乘車的舒適度。

轉向架構造圖解

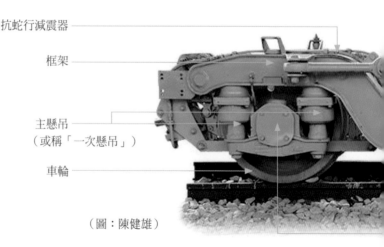

抗蛇行減震器

框架

主懸吊
（或稱「一次懸吊」）

車輪

（圖：陳健雄）

轉向架的主要構造

1. 框架：又稱為結構（含軸箱），需能承受來自各方向的拉力或壓力，例如列車起步時的牽引拉力、煞車時的衝擊力、轉彎時的轉向力與減震裝置產生的作用力。框架大部份是鋼鈑焊接而成，由外觀來區分，通常有「H」形（無端樑）及「日」字形二種。

2. 車輪：直接與鋼軌接觸摩擦車輪，須選用合適的設計及材料，才能延長使用壽命，並確保最佳運轉品質。

3. 車軸與軸承：車軸承擔車輛皮重及各種負荷，並且與鋼輪一起旋轉。必須採用能耐高溫與摩擦的材質，並且還要搭配適合的潤滑油脂。

4. 主懸吊：由一對安裝於軸承及架框之間的圓錐型橡膠彈簧所組成。

5. 二次懸吊：每一個轉向架都附有兩個類似輪胎內胎的橡膠製空氣彈簧，以串接方式組成二次懸吊。另外，轉向架以中心插銷與車體連結，並以鑄型鋼材螺栓固定於車體底盤。

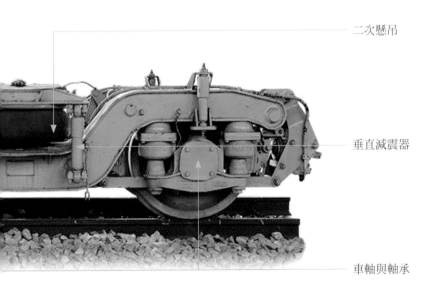

二次懸吊

垂直減震器

車軸與軸承

電車上方的集電弓有什麼用途？

　　臺鐵的電力火車與高鐵列車，藉由機車或列車車廂上方的集電弓（Pantograph）接觸鐵路上方的架空電車線，將電能引入車上的電氣設備後，把電能轉換為牽引列車的動力及車上其他機電設備使用。

　　臺北捷運、高雄捷運、臺中捷運、桃園機場捷運及新北捷運環狀線列車則是利用車輪旁的集電靴（collector shoe），將第三軌輸送的電能引入車廂上的電力裝置來驅動列車運轉。

　　另外，依供電種類來區分，世界上的電力鐵路分為交流、直流及交直流並用三種供電；臺鐵及高鐵採用 25,000 伏特的交流電，捷運則是採用 750 伏特的直流電供電。

雙臂式集電弓

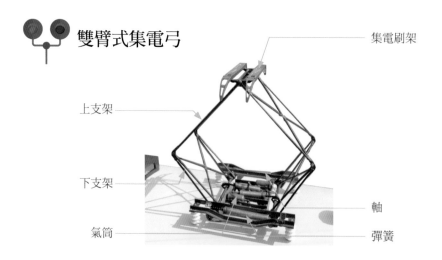

集電刷架

上支架

下支架

氣筒

軸

彈簧

單臂式 VS. 雙臂式集電弓

電力火車的集電弓主要有兩種形式：單臂式與雙臂式（菱形集電弓）兩種。前者是臺灣鐵路的主流，高鐵列車亦採用單臂式集電弓；後者則以臺鐵早年的 E100 型電力機車、EMU100 型電聯車及新平溪煤礦的獨眼小僧為代表。

 ## 單臂式集電弓

電車接觸線

集電刷架

上支架

穩定支架

下支架

絕緣礙子

電車線路構造圖解

① 絕緣礙子　③ 拉桿　　⑤ 吊線　　⑦ 撐桿
② 吊架桿　　④ 吊架線　⑥ 接觸線　⑧ 電桿

 捷運電車的第三軌與集電靴

第三軌

鐵軌

捷運列車利用車輪旁的集電靴,將第三軌輸送的電力引入車廂電力裝置。

第三軌

集電靴

「預」「切」「復」 標誌代表什麼意思？

臺鐵電氣化鐵路採用交流高壓電；透過電車線，將電力從交流變電站引導至電車。

由於不同交流變電站的供電區間內，有不同的電壓，電車經過兩個區間的交界處時，可能會因電位不同而產生電位差，導致電車的電力裝置損壞，所以設置中性區間（neutral section），以隔絕兩組不同的電位。

臺鐵與高鐵的鐵路線，大約每隔 40 公里左右會有一個中性區間；當列車通過中性區間時，必須將電力關掉，以慣性速度「滑行」通過中性區間。

 ## 「預」備、「切」斷、恢「復」

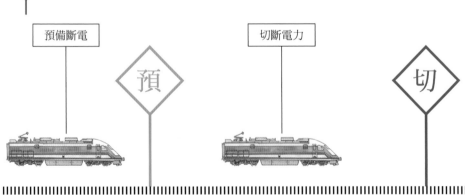

預備斷電　　　預

切斷電力　　　切

A 交流變電站的供電區間

　　因此，中性區間前 200 公尺處設置「預」的標誌，通知電車司機準備斷電；前 20 公尺設「切」標誌牌，看到此標誌的同時，司機必須馬上斷電；後 20 公尺設「復」標誌牌，告知司機列車已通過中性區間，可重新開啟電力裝置，繼續行車。

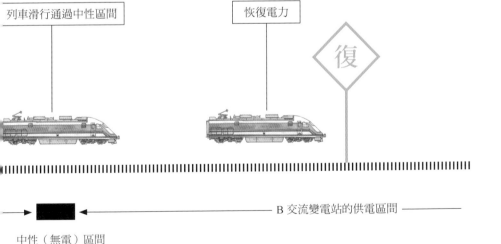

列車滑行通過中性區間

恢復電力

復

B 交流變電站的供電區間

中性（無電）區間

鐵道標誌有幾類？
分別傳達什麼訊息？

　　鐵道標誌是以型狀和顏色來傳達特定訊息，在臺鐵工務中屬於「保安設備」的一種，大致可區分為軌道標誌、行車標誌與防護標誌三大類。

　　軌道標誌大部分屬於鐵道工務標示，例如地界標、里程標、坡度標、曲線標、橋樑及隧道標等，專門給鐵路工務人員或維修人員使用。

　　行車標誌屬於運務方面的標示，如站名牌、鳴笛標、慢行標及停車標，負責警示與提醒執行乘務工作的司機員。

　　防護標誌主要是對一般民眾警示，如平交道防護標誌、橋樑或隧道防護告示（禁止人員通行），以免發生危險。

速限標

太魯閣及普悠瑪自強號最高速限 → 85

一般列車最高速限 → 65

 解讀鐵道標誌傳達的訊息

C. S.：曲線中心標
R=200：曲率半徑為 200 公尺

↘：下坡
149：坡度為 14.9

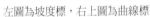
左圖為坡度標，右上圖為曲線標

見此標誌請鳴笛！

鳴笛標

如何防止運行中的
列車追撞或對撞？

　　隨著鐵路運輸的發展與進步，每一條鐵道路線上不再只會有一班列車行駛，這讓鐵路運輸的管理與行車制度越形複雜，為了防止運行中的列車對撞或追撞的意外發生，需要一套嚴密而又不失效率的鐵道行車制度，以保障列車在軌道上安全的運轉行駛。

　　早期的鐵道行車管制制度採用「隔地法」與「隔時法」，這兩種列車的管理方法也是現在鐵路行車制度的原始概念。

　　「隔時法」是依據事先排定的列車時刻表運行，規定每一班列車都必須按這個事先排定的時刻表行車。這種方法目前仍應用於車次少或車行速高的鐵路線，如現在虎尾糖廠負責製糖原料運送的臺糖鐵路路線。

　　「隔地法」管制概念，則是將鐵路路線劃分為數個「區間」路段，每個區間內僅容許一列火車行駛，這就是常聽到的「區間閉塞制度」。

　　早期的閉塞區間，由兩個車站與二者之間的路線共構為一個區間。有時候因為兩站間的路線距離過長，列車等待時間加長，造成行車效率低落，甚至因為站務人員的疏忽而發生事故，因此才有電氣路牌管理制度的出現，加上鐵路號誌的設置與增加兩站之間的閉塞區間數量，讓行車密度提高，路線運轉也更有效率。

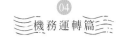

 閉塞區間示意圖

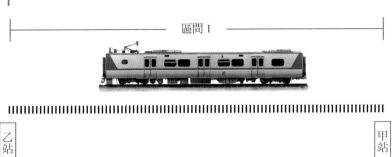

 多個閉塞區間示意圖

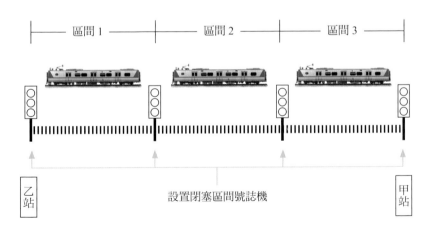

什麼單位是管控調度列車的樞紐中心？

　　為了提高行車效率、統籌管理鐵路系統運作，早年臺鐵大車站或糖鐵重要車站都設有「號誌樓」，統一管控站場內所有的轉轍器。經過時代與科學技術的變革，現今大多數的鐵路都採用「中央行車控制系統（Centralized traffic control；CTC）」，統一控制路線上所有的號誌與轉轍器，並透過號誌或語音通信，集中調度、管控路線上的列車運轉。

　　1960 年 7 月 25 日，臺鐵於彰化至臺南區間，首次啟用了中央行車控制系統（CTC）。日後高鐵、臺北捷運、高雄捷運、臺中捷運及桃園機場捷運，也都採用此系統來調度列車。

　　執行 CTC 管理系統的地方稱為「行控中心」（operation control center；OCC），由行控人員輪班負責軌道運輸系統的營運、行車調度與維修管制，甚至連路線上機電設備和通風系統、月臺上的旅客資訊系統，都能夠透過電腦螢幕、顯示器與通訊設備指揮或下達命令。

號誌樓週邊設施

號誌樓

早年設置在基隆臨港線上的第二號誌樓

轉轍器與號誌連動裝置

 臺北捷運行控中心

❶ 環控模擬面板

❷ 號誌模擬面板

❸ 電力控制員席

❹ 工程控制員席

❺ 列車控制員席

❻ 路線控制員席

❼ 主任控制員席

❽ 資訊助理席

什麼是閉塞行車制度？曾歷經哪些變革？

嚮導閉塞式

最早由車站派人騎乘馬匹，手持紅旗在列車前嚮導前行，這也是後來歐洲鐵路採用憑證行車觀念之由。目前臺鐵採指派嚮導員引導進入閉塞區間。

通信閉塞式

早期鐵道路線少、火車班次不那麼密集，因此只有一列火車會行駛在兩站之間，不需要考慮列車交會或待避的問題。

隨著列車班次增加，兩站之間開始以電報或電話聯繫，確認兩站之間的區間有無列車行駛，以決定哪個方向的列車須先通過區間或等待對向列車通過，此即為通信閉塞式的源起。

憑證（通券）閉塞式

意即兩站間，以某種憑證作為可通行的信號。最初的作法，是兩站站長將約定的密碼或密語寫在紙上以作為列車通行憑證，列車長持此張憑證開往下一站。

電氣路牌閉塞式

鐵道電氣機械設備出現，開始採用電氣路牌閉塞器、路牌及電氣路牌套，以維持單軌區段的行車安全。

反映科技變革的閉塞行車制度

寫有「密碼」的糖鐵通券。

色燈號誌機與機械聯鎖裝置，發展出軌道聯鎖閉塞制度，提高鐵路運輸的效能與安全。

軌道聯鎖閉塞式

　　軌道電路之發明運用，結合色燈號誌機，發展出軌道聯鎖閉塞制。透過機械聯鎖，不但可以減少因人為疏失造成的行車安全，也大幅的提高鐵道路線的行車容量，增加鐵路運輸的運能與效率。

路牌是什麼？為何司機要拋接路牌套？

「路牌」是配合此制度「電氣路牌閉塞制」而生的產物，是為了確保鐵路行車安全的閉塞管理「憑證」。

1878 年，英國人 Tye 發明一種行車閉塞方式：當列車要進入閉塞區間時，必須取得車站給予的「憑證」才能開車通行。

在「電氣路牌閉塞制」的規劃中，需要將兩站間的鐵道路線劃為一個閉塞區間，並於兩車站內各裝設一組「電氣路牌閉塞器」，以及數個「路牌」、「路牌套」。

當列車從甲站出發欲開往乙站、或列車經由甲站開往乙站時，甲乙兩站的站長須以電話確認區間內無其他列車行駛後，同時從「電氣路牌閉塞器」中取出一塊銅製的「路牌」，並放入「路牌套」中；此時，列車司機員必須取得路牌套（含路牌）才能繼續開往乙站。

列車抵達乙站時，司機員將路牌套（含路牌）交給乙站站長後，再從乙站取得前往下一站的路牌與路牌套，以此類推。

倘若列車不停靠乙站，司機員就必須在火車行進間，將路牌套拋向螺旋狀的授器中，並從乙站站長手中接過路牌套（或從路牌授器上勾起路牌套），列車才能繼續開往下一站。

這種以「路牌」當做通行閉塞區間的憑證，可以確保每一段閉塞區間的路線上只會有一班車行駛通過。但臺灣大部分車站已改為配合 CTC 中央行車控制系統，僅存少數支線仍採取此制度。

令人好奇的電氣路牌

附大型鐵圈的路牌套,用來收受路牌。

路牌

路牌授器

列車司機將路牌交出,準備取下一段區間的路牌;站務員預備交予司機下一區間的路牌,並接收來自列車上的路牌。

什麼是臂木式號誌機？有何功能？

　　鐵道同我們尋常行走的道路一樣，若路線上行駛的列車越多時，就越需要設置「號誌」等燈號或告示，以避免列車發生出軌或其他意外事故。

　　「號誌」是利用形狀、顏色或聲音來指示列車運行、停止或減速，列車司機必須完全遵守號誌的指示來行車。臺灣鐵路的號誌可大致分為臂木式號誌、色燈式號誌與燈列式號誌三類。

臂木式號誌

　　臂木式號誌機屬於早期的機械式號誌，可說是鐵道界的活化石！

　　在號誌機未出現之前，是由鐵路公司派出人力，站在鐵軌旁，以特定的手勢引導火車前進或停止，直到由機械控制的臂木式號誌機出現，才逐漸取代人力傳遞信號的工作。

　　臂木式號誌機的設計是模仿人力指揮動作，紅底白線的臂木猶如鐵道員工的手臂：當臂木平舉時，表示「險阻」，列車必須在號誌前方停止；臂木下垂 45 度角時，表示「安全」，列車可放心行進。

　　不過單靠臂木的升降信號，無法在夜間天色昏暗時發揮最大功用，這時便需要輔以色燈信號：當臂木平舉時，紅燈隨之亮起，指示列車停車；臂木下垂 45 度角時則會顯示綠燈，告知列車可以通行。

　　在臺鐵幹線使用臂木號誌機的年代，除了車站前後使用的紅底白線，臂木號誌機信號板，下方還再設置一個黃底黑線的「通過號誌」。

臂木式號誌機

紅燈
綠燈

紅燈

臂木下垂45度角+綠燈
→列車通行

臂木平舉+紅燈→
列車停車

通過號誌

紅燈　綠燈
黃燈

　　這種機械式的號誌機常是配合路牌閉塞行車管制，列車司機員必須取得閉塞區間上的路牌後，才准予行駛該區間。

　　臺鐵主要幹線與支線都已採用自動化行車管制或配合中央行車控制，僅有少數支線，如平溪支線與臺中港貨運支線等仍同時使用臂木式號誌機與電氣路牌閉塞制度。

色燈式號誌機有幾種燈號顏色？

　　早年機械式的臂木式號誌機操作不便，且發生故障時容易因號誌顯示錯誤而造成司機誤判，約在 1920 年代以後大多改用色燈號誌來顯示路線上的狀況，指示列車司機的運行。

　　色燈式號誌通常有紅、黃、綠三種顏色燈光，其使用概念如同一般道路上的紅綠燈：紅燈表示「險阻」、黃燈表示「注意」，綠燈則表示「安全」。

　　另外，為因應路線上的其他狀況，有時會再增加白燈、紅燈或黃燈，成為四燈或五燈號誌，用以警戒與提示列車減速。

各色燈號代表的意義

紅燈：險阻

閃紅燈或紅燈＋白燈：准調車

紅＋黃燈：速限 25Km / hr 以下

紅＋閃黃燈：速限 35Km / hr 以下

閃黃燈：速限 45Km / hr 以下

黃燈：注意 60Km / hr 以下

雙黃燈：速限 60Km / hr 以下

綠燈：正常行駛

如何判讀預告號誌機的燈號指示？

臺鐵在路線彎道或視線不佳的地方，會加裝「預告號誌機」，又稱為燈列式號誌機，用以提醒司機注意即將看見的號誌指示。

預告號誌機為一面設有七個白燈的號誌圓盤，當列車到來時，會根據不同的狀況亮起其中三個燈，這三個燈號的不同排列組合表示不同訊息：

1. 水平線（一）：表示「險阻」，準備在下一個號誌出現時停車。

2. 左下斜線（／）：表示「注意」，準備減速至 60km / hr 以下。

3. 垂直線（｜）：表示「安全」，可放心通行。

因前方彎道影響司機視野，故設置「預告號誌機」

平交道可分為幾類？
有哪些重要設施？

鐵路與一般道路的平面交叉處，多會設置「平交道」以維護交通安全。

早期的平交道是由「看柵工」人工來控制，當列車即將來時，看柵工便會啟動平交道號誌，並且放下遮斷器，阻止道路上的車輛通過鐵路，確保鐵路線上的列車平安通過。

臺鐵路線上仍有幾處重要的平交道或輕便鐵路、工廠專用側線，可看見由看柵工看守的平交道。

其他大部分的平交道，都已改採自動運作，當列車接近時，透過軌道電路上傳送的信號，使平交道燈號、嗡鳴器與遮斷器發揮警示作用。

臺灣鐵路的平交道，可依照防護設備分為四種：

1. 晝夜都有人員看守，並設置手動或自動遮斷器與警報裝置的平交道。

2. 僅白天有人員看守，並設置手動或自動遮斷器與警報裝置的平交道。

3. 設置自動保安裝置的平交道，其中甲種同時設有警報裝置與遮斷器；乙種則僅有警報裝置，沒有遮斷器。

4. 僅設置平交道標誌的平交道。

平交道閃光警示器

 平交道構造圖解

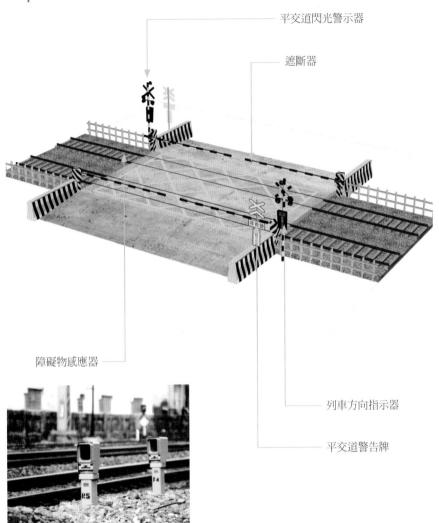

平交道閃光警示器

遮斷器

障礙物感應器

列車方向指示器

平交道警告牌

在重要的平交道會設置障礙物感應器，
確保平交道上的安全

高鐵和捷運也有號誌燈嗎？

　　由於高鐵運轉時速高達 250 公里以上，司機無法及時因應路線旁的號誌指示來做出判斷，因此臺灣高鐵在主要的營運路線上（正線），以及基地與正線間的聯絡線上，均採用「自動列車控制系統（AutomaticTrain Control System, ATC）」，直接傳達行車命令信號到駕駛室的面板上。列車司機依 OCC 指示控制列車運行速度實施行車管制，可以避免列車發生超速、冒進、追撞等意外事故，確保行車安全。

　　捷運系統是在列車駕駛室內的面板上顯示號誌，直接依據 ATO（Autumatic Train Operatiom） 列車自動駕駛系統，達到即時控制列車的目的，此即為捷運列車能夠精準控制到站時間的原因。

　　除此之外，在高鐵基地與捷運機廠內的路線，會設置色燈式號誌，供調車作業使用。高鐵基地內的號誌機稱為「基地號誌機」，當黃燈亮起時，表示「可通行」，紅燈則為「停車」。

　　捷運轉轍器旁設置的轉轍器狀態顯示燈，是輔助行車或維修人員確認轉轍器目前固定在哪一方位。

（左）捷運機廠路線會設置「色燈式」號誌（右）捷運轉轍器狀態顯示燈

退休後的老火車會到哪兒去呢？

　　早年臺灣鐵道文化保存的觀念尚未健全，當火車退休除役後，往往面臨拆解後變賣的命運，只有少數車輛幸運地留下，但只保留了大致完整的外觀，以靜態展示的方式散落至全臺各地。

　　由於這些車輛未能夠得到後續的細心照顧，導致車上許多零件遭人竊取或拆除，車體外觀也常因為風吹日曬雨淋等漸漸鏽蝕，讓這些勞苦功高的老火車無法獲得良好的維護，未來成立國家級鐵道博物館後，可以將散落至全臺各處保存不良的老火車頭集中照顧與展示。

◀ 新北市板橋藝文中心展示的老火車頭

▶ 位在西子灣駁二的高雄港站舊場站保存許多退休的車輛

臺灣蒸汽機車保存現況

車號	型式及製造者、年份	放置地點	軌距	原隸屬
CT271	4-6-2, 汽車會社 , 1942	基隆市情人湖風景區。	1067	臺鐵
1（騰雲）	0-4-0, 德國 Hohenzollern, 1887	臺北市 228 紀念公園。	1067	臺鐵
9	2-4-0, 英國 Avonside, 1871	臺北市 228 紀念公園。	1067	臺鐵
DT675	2-8-2, 日立製作所 , 1943	新北市板橋區新北市文化局藝文中心。（此車經考證應為 DT670）	1067	臺鐵
CK124	2-6-2 tank, 日本車輛 , 1936	彰化扇形車庫，2001 年整修可動態運轉。	1067	臺鐵
DT561	2-8-0, 美國 ALCO, 1919	臺灣鐵路管理局苗栗鐵道文物展示館	1067	臺鐵
CT152	2-6-0, 汽車會社 , 1919	臺灣鐵路管理局苗栗鐵道文物展示館	1067	臺鐵
CK101	2-6-2 tank, 汽車會社 , 1916	彰化扇形車庫，1998 年整修可動態運轉。	1067	臺鐵
DT668	2-8-2, 川崎車輛 , 1941	彰化扇形車庫。2011 年 11 月整修畢，可動態運轉。	1067	臺鐵
CT273	4-6-2, 川崎車輛 , 1943	花蓮機務段，2014 年 6 月整修畢，可動態運轉。	1067	臺鐵
CT278	4-6-2, 日立製作所 , 1953	二水車站北側的二八水水公園。	1067	臺鐵
DT651	2-8-2, 汽車會社 , 1940	嘉義縣東石鄉港口宮。（此車經考證應為 DT664）	1067	臺鐵
BK24	2-4-2 tank, 汽車會社 , 1905	臺南市成功大學校區。	1067	臺鐵
CT259	4-6-2, 三菱重工 , 1938	臺南市體育公園。（此車經考證應為 CT251）	1067	臺鐵
DT652	2-8-2, 汽車會社 , 1940	臺南市體育公園。	1067	臺鐵
CT251	4-6-2, 三菱重工 , 1935	舊打狗驛故事館。（此車經考證應為 CT259）	1067	臺鐵
DT609	2-8-0, 汽車會社 , 1929	舊打狗驛故事館	1067	臺鐵
CK58	2-6-2 tank, 汽車會社 , 1912	舊打狗驛故事館	1067	臺鐵
CT284	4-6-2, 日立製作所 , 1953	宜蘭縣立運動公園。	1067	臺鐵

車號	型式及製造者、年份	放置地點	軌距	原隸屬
LCK31	0-6-0 tank, 德國 Koppel, 1913	花蓮縣新城鄉光隆博物館。	762	臺鐵
LDT103	2-8-2, 日本車輛 , 1942	花蓮鐵道文化園區	762	臺鐵
LDK58	0-8-0 tank, 日立製作所 , 1923	臺北車站東二門外。	762	臺鐵
LDK59	0-8-0 tank, 日立製作所 , 1923	花蓮後站，2010 年曾整修動態運轉。	762	臺鐵
10	0-6-0 tank，日本車輛	新竹市古奇峰育樂園	1067	臺糖
11	0-6-0 tank，若津工場	虎尾糖廠外斗南線路線上	1067	臺糖
274	0-6-0 tank，日本車輛	月眉糖廠	762	臺糖
296	0-6-0 tank，本江車輛	臺南市學甲區私人收藏	762	臺糖
317	0-6-0 tank，臺灣鐵工所	高雄市大社區觀音山綠野山莊	762	臺糖
322	0-6-0 tank，日本車輛	虎尾糖廠	762	臺糖
326	0-6-0 tank，日本車輛	溪湖糖廠	762	臺糖
327	0-6-0 tank，日本車輛	臺南市活佛素食	762	臺糖
329	0-6-0 tank，日本車輛	虎尾糖廠	762	臺糖
331	0-6-0 tank，日本車輛	蒜頭糖廠	762	臺糖
332	0-6-0 tank，日本車輛	虎尾糖廠虎尾驛站	762	臺糖
335	0-6-0 tank，日本車輛	臺東縣池上牧野休閒中心	762	臺糖
339	0-6-0 tank，日本車輛	雲林縣斗六市縣立文化局	762	臺糖
345	0-6-0 tank，AFB	臺鐵二水站北側的二八水水公園	762	臺糖
346	0-6-0 tank，AFB	2007 年溪湖糖廠復活行駛	762	臺糖
348	0-6-0 tank，AFB	臺南市麻豆區總爺藝文中心	762	臺糖
349	0-6-0 tank，AFB	佳里糖廠	762	臺糖
350	0-6-0 tank，AFB	玉井噍吧哖事件紀念園區	762	臺糖
351	0-6-0 tank，AFB	彰化縣永靖高工內	762	臺糖
352	0-6-0 tank，AFB	屏東糖廠	762	臺糖
353	0-6-0 tank，TUBIZE	旗山車站	762	臺糖
354	0-6-0 tank，TUBIZE	旗山糖廠	762	臺糖
355	0-6-0 tank，TUBIZE	遊憩事業部高雄休閒園區	762	臺糖
357	0-6-0 tank，TUBIZE	大林糖廠	762	臺糖

車號	型式及製造者、年份	放置地點	軌距	原隸屬
359	0-6-0 tank，TUBIZE	屏東糖廠	762	臺糖
361	0-6-0 tank，TUBIZE	高雄橋頭糖廠	762	臺糖
364	0-6-0 tank，TUBIZE	溪湖糖廠	762	臺糖
365	0-6-0 tank，TUBIZE	善化糖廠宿舍區	762	臺糖
366	0-6-0 tank，TUBIZE	花蓮糖廠	762	臺糖
367	0-6-0 tank，TUBIZE	新北市淡水區綠道觀音廟	762	臺糖
368	0-6-0 tank，TUBIZE	蒜頭糖業文化園區	762	臺糖
369	0-6-0 tank，TUBIZE	月眉觀光糖廠	762	臺糖
370	0-6-0 tank，TUBIZE	2003 年烏樹林五分車休閒園區復活行駛	762	臺糖
374	0-6-0 tank，臺灣機械公司	陸軍成功嶺營區軍史館	762	臺糖
375	0-6-0 tank，臺灣機械公司	臺南市麻豆區代天府	762	臺糖
376	0-6-0 tank，臺灣機械公司	國家鐵道博物館籌備處	762	臺糖
382	0-6-0 tank，臺灣機械公司	新營鐵道文化園區	762	臺糖
527	0-6-2 tank，Koppel	高雄市陳中和紀念館	762	臺糖
538	0-6-2 tank，日本車輛	臺南市臺灣糖業博物館	762	臺糖
543	0-6-2 tank，臺灣鐵工所	臺北市新莊區臺灣盲人重建院	762	臺糖
604	0-6-0 tank，雨宮	溪湖糖廠	762	臺糖
650	0-6-2 tank，Koppel	蒜頭糖廠，2017 年曾修復動態保存蒜頭糖廠	762	臺糖
724	0-8-0 tank，川崎	臺南市臺灣糖業博物館	762	臺糖
C124	0-6-0 tank，本江	南靖糖廠	762	臺糖
1	0-6-0 tank, 日本車輛	宜蘭縣大同鄉太平山土場檢查哨	762	羅東林鐵
2	0-6-0 tank, 日本車輛	宜蘭縣羅東鎮中山公園	762	羅東林鐵
5	0-6-0 tank, 日本車輛	池南森林遊樂區	762	羅東林鐵
8	0-6-0 tank, 川崎	羅東林場竹林火車站	762	羅東林鐵
9	0-6-0 tank, 川崎	羅東林場竹林火車站	762	羅東林鐵
11	0-6-0 tank，臺灣機械公司	羅東林場竹林火車站	762	羅東林鐵
12	0-6-0 tank，臺灣機械公司	羅東林場竹林火車站	762	羅東林鐵
15	0-6-0 tank，臺灣機械公司	羅東林場竹林火車站	762	羅東林鐵
12	18 噸 B-B，LIMA	阿里山站	762	阿里山林鐵
13	18 噸 B-B，LIMA	嘉義北門車庫園區	762	阿里山林鐵

車號	型式及製造者、年份	放置地點	軌距	原隸屬
16	18 噸 B-B，LIMA	池南森林遊樂區	762	阿里山林鐵
17	18 噸 B-B，LIMA	嘉義北門車庫園區	762	阿里山林鐵
18	18 噸 B-B，LIMA	奮起湖站車庫	762	阿里山林鐵
21	28 噸 B-B，LIMA	嘉義北門車庫園區，2022 年修復完畢可動態運轉。	762	阿里山林鐵
22	28 噸 B-B	集集火車站前	762	阿里山林鐵
23	28 噸 B-B，LIMA	嘉義北門車庫園區	762	阿里山林鐵
24	28 噸 B-B，LIMA	阿里山沼平車站	762	阿里山林鐵
25	28 噸 B-B，LIMA	嘉義北門車庫園區，2007 年改為燃油鍋爐可動態運轉。	762	阿里山林鐵
26	28 噸 B-B，LIMA	嘉義北門車庫園區，1999 年修復完畢可動態運轉。	762	阿里山林鐵
28	28 噸 B-B，LIMA	阿里山林業鐵路車庫園區	762	阿里山林鐵
29	28 噸 B-B，LIMA	奮起湖站車庫	762	阿里山林鐵
31	28 噸 B-B，LIMA	阿里山車庫，2007 年改為燃油鍋爐可動態運轉。	762	阿里山林鐵
32	28 噸 B-B，LIMA	嘉義縣竹崎鄉牛稠溪畔親水公園	762	阿里山林鐵

資料時間：2023 年

CK101、CK124、DT668 保存於彰化扇形車庫，是臺灣少數動態行駛的蒸汽火車

# 結束一天運輸乘務的火車會開往哪裡？

　　機車（火車頭）是列車行駛不可或缺的構件，當機車結束一天的乘運任務後，需得有個提供火車頭休整、保養與維修的地方，以確保機車的效能。

　　臺鐵員工將機車休息、整備的地方稱為「車庫」，分佈在各地「機務段」內，提供電力機車、柴電機車、電聯車、柴聯車與柴油客車等動力車輛的休息、整理，平時也執行簡單的保養維修工作（臺鐵稱一、二級維修）；非動力的客車或貨車則開往「檢車段」休整。

　　高鐵的「基地」內，也有類似「車庫」功能的廠區設備；高鐵共規劃了五座維修基地，包括汐止、六家、烏日、太保與左營，其中烏日及左營提供列車調度、過夜留置及清潔整備的功能，也負責列車例行檢查等保養維修工作。

　　捷運電聯車結束了一天繁忙的運輸乘務後，會開往「機廠」或「車場」內休整，例如臺北捷運的北投、新店、南港、蘆洲、木柵機廠與中和車場，與高雄捷運岡山、小港與大寮機廠，桃園捷運的蘆竹、青埔機廠，臺中捷運的北屯機廠，都是捷運列車休整之處。捷運機廠除了提供電聯車車體、轉向架及其所屬配備之修護服務，還有號誌系統、自動收費、通信和電子等支援系統的維修功能。

　　至於其他的產業鐵道，如林鐵、糖鐵，甚至烏來臺車等，凡是只要有動力機車運行的鐵道路線，都會設置「車庫」，讓這些辛苦的火車頭們得以遮風避雨，經過休息整備與裝備調校後，維持舒適、安全、可靠的最佳狀態，為明日列車任務做最妥善的準備！

火車的家—車庫

臺鐵七堵機務段

桃捷青埔機廠

高雄捷運小港機廠

烏樹林糖廠車庫

高鐵左營基地

臺北捷運北投機廠

哪些鐵路設施是專為蒸汽火車設置的？

在有蒸汽機車行駛的路線上，還能看見水塔、水鶴、煤臺、灰坑等設備，提供蒸汽機車上的動力來源「煤」與「水」的補給。

水塔與水鶴

水塔的主要功能是為蒸汽機車補水，也提供洗刷車輛及飲用水，並利用「水鶴」（Stand Pipe），將水輸送至機車的水櫃或煤水車使用。

值得注意的是，蒸汽機車鍋爐的使用水，必須是沒有過多礦物質的「軟水」，才不會產生水垢，影響蒸汽機車的燃燒效能。

煤臺（或稱煤站）

提供蒸汽機車補充煤料的地方，通常會設置於機務段內或路線末站。

灰坑

機車鍋爐燃煤後會產生大量灰燼，這些灰燼會暫時儲放於機車的灰盤內，定期傾倒於灰坑，保持機車的清潔。灰坑同樣設置於機務段內。

水鶴、水塔、灰坑

水塔

水鶴

灰坑

扇形車庫有什麼功能與價值？

　　扇形機車庫（Round House）是專門用來置放蒸汽機車的車庫。從高空鳥瞰，這類型機車庫的型狀，猶如一把張開的扇子，以轉車盤為中心，輻射發散出去數條軌道路線的末端，就是一間間火車頭的家。

　　扇形機車庫的出現，是因應早期燃燒煤炭的蒸汽火車頭不便倒車行駛，加上維修與整備的需求，故在有限的空間之中，設計出如此優雅的弧型建物。臺鐵原本有臺北、新竹、彰化、嘉義、高雄與高雄港六座扇形機車庫，目前僅留下彰化完整的一處及新竹與高雄港兩座車庫遺跡。

彰化扇形車庫

火車故障了，要送到哪裡整修？

　　人們如果生病了，就得到醫院看診、吃藥直至身體康復；如果火車有了非常嚴重的故障問題、或需要更換重要零件時，同樣也必須送到火車的醫院囉！

　　臺鐵的火車醫院就是「機廠」，當「機務段」或「檢車段」無法執行維修任務時（需執行三、四級的維保作業時），就必須到火車醫院－富岡車輛基地（原臺北機廠搬遷）、潮州車輛基地（原高雄機廠、機務段搬遷）或花蓮機廠進行更大規模的檢修。高鐵的醫院是位於高雄的燕巢總機廠，舉凡列車的重大維修、轉向架修理、臨時檢修、車輛組件修護及新車組裝等，都在該處執行。

　　臺北捷運的醫院為北投機廠；高雄捷運則是小港機廠。

　　桃園捷運的車輛維修基地位於青埔機廠；臺中捷運綠線位於北屯機廠。

富岡車輛基地

潮州機廠

火車的醫院

	駐車整備、日常保養	深度維修
臺鐵動力車	機務段 （七堵、臺北、新竹、彰化、嘉義、高雄、花蓮）	機廠 （臺北富岡、高雄潮州、花蓮）
臺鐵 無動力車	檢車段（七堵、臺北、彰化、高雄）	
高鐵列車	基地（臺中烏日、左營）	燕巢總機廠
捷運列車	機廠（北投、新店、南港、蘆洲、新莊、木柵、內湖、土城、小港、南岡山、大寮、北屯…）	北投機廠、木柵機廠、土城機廠、小港機廠、北屯機廠、青埔機廠
林鐵	車庫（北門、奮起湖、阿里山）	北門車庫
糖鐵動力車	機車庫	
糖鐵 無動力車	檢車庫	
烏來臺車	車庫	

（圖：陳健雄）

5

鐵軌線路篇

穿山越嶺鐵支路

# 鐵軌的橫切面是什麼形狀？

　　火車與軌道，看起來是維持鐵路運行密不可分的兩種要素，甚至有些人會以為軌道是因應火車的出現才被發明出來；但其實軌道的歷史，遠比火車的發明來得更早。

　　在火車還沒有被發明的年代，歐洲礦場中的工人們，就已經開始利用木頭鋪設利於礦車運行的軌道，或在石子路上挖鑿一道細長的凹槽，讓車輪滑入凹槽，減少車輪與粗礪地面的摩擦，使礦車順行於這條凹槽路線。

　　火車鐵路創設初期，使用的是「L」字型斷面的鐵鑄條，架設在排列的木枕上，鐵軌的雛形逐漸產生。隨著冶鐵技術的的改良，漸由「工」字型斷面鋼軌取代，成為現代的鋼軌系統的主流。

　　一般來說，鐵路結構可分為鋼軌、枕木、扣件與道床等四大部分：

1. 鋼軌—鐵軌與列車車輪直接接觸的部分。

2. 枕木—鋼軌之間的架構，讓鋼軌保持一定的軌距。

3. 扣件—將鋼軌與枕木固定的零件。

4. 道床—位於鐵軌的最下方，通常以碎石

高雄輕軌採用特殊的槽式軌道，其斷面和傳統的「I」字鋼軌不同

或混泥土鋪成，用來承受軌道與列車的重量，並具有排水、防止野草生長，以及給予路基必要的彈性等功用。

 # 鐵軌構造圖解

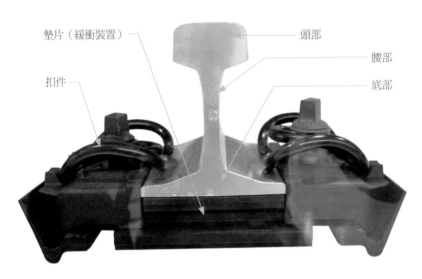

墊片（緩衝裝置） 頭部

腰部

扣件 底部

鋼軌　　　魚尾鈑（用來連接鋼軌並加強鋼軌接頭的強度）

道床　　　　　　枕木　　扣件

 什麼是軌距？
標準軌距是多少？

兩條鋼軌內軌間（頭部）的最短距離即為「軌距」（gauge）。

英國於 1846 年訂立鐵路軌距標準法，將 4 尺 8 吋半（1,435mm）定為標準軌距並沿用至今，軌距比標準軌寬者為「寬軌」，比標準軌窄的便稱為「窄軌」。

臺灣高鐵、臺北捷運、高雄捷運、臺中捷運及桃園機場捷運都是採用 1,435mm 的「標準軌」。

臺鐵則採用 1,067mm 軌距的鐵路，臺糖鐵路與阿里山森林鐵路皆為 762mm 的窄軌軌距，烏來臺車的 545mm 鐵軌，上述鐵路皆隸屬「窄軌」之列。

不同軌距的鐵軌能並存於同一條路線嗎？

　　軌距是指鐵道上兩條鋼軌之間的距離，每一輛列車都有其適用的軌距，僅能運行於特定軌距的鐵道上。例如，臺鐵列車只能行駛於軌距 1067mm 的鐵軌，無法駛入 762mm 軌距的鐵路。

　　早年各國為國境安全考量，多採用與他國不同的軌距，以防止敵國利用鐵道路線入侵。

　　臺灣的鐵路是根據鐵路用途與投入經費來決定使用的軌距，如日治時代修築的產業鐵道，多採用 762mm 的軌距以節省成本；臺鐵軌道的前身是日本政府修築的官營鐵道線，它則配合當時日本國內鐵道的設計，採用 1,067mm 軌距，以利於日本與臺灣兩地的火車通用。

　　由於部分鐵路線（如製糖工廠聯絡線）的聯運需求，有些路段會鋪設可同時通行 762mm 軌距與 1067mm 軌距車輛的「三軌區間」聯絡線（雙軌距鐵路或複軌鐵路），讓兩種不同軌距的火車利用「聯結車」連掛運行。

　　部分的鐵道工廠內及聯絡線上，為了列車維修與組裝的需要，也鋪設了這種三軌區間線，如新竹新豐站的臺灣車輛有限公司專用側線。

糖鐵機車透過聯結車牽引臺鐵貨車

三軌區間聯絡線

新豐站外通往臺灣車輛公司側線的三軌區間

如何防止高速奔馳的
火車衝過路線盡頭？

　　為了防止列車衝過路線盡頭而釀成意外，通常鐵道末端多會設置「止衝擋」，作為最後的防線。臺灣鐵路上可見的止衝擋型式，大致可以分為固定式與活動式兩種。

固定式止衝擋

　　通常以鋼軌或混泥土固定在路線末端，多會加裝木板、橡膠等墊子，用以緩衝列車可能帶來的衝撞力。

活動式止衝擋

　　為一組可以沿著鐵軌滑行並使列車逐漸減速的金屬止衝擋。其設計原理，是讓無法及時停下的列車，利用在鐵軌上滑行產生的摩擦力，逐漸消緩列車的動能。這種止衝方式的應用，除了可以保護列車結構外，也可將列車出軌翻覆的機率減至最低。

　　例如中鋼公司內的軌道末端，即設計使用這種活動式止衝擋，讓重達1300噸的魚雷列車溜逸時也能夠安全停止下來。

　　此外，臺灣有許多輕便鐵道的末端，考量路線維修成本，並不會設置止衝擋，而是將軌道末端直接埋入道碴裡；當車速不快的輕便鐵道火車不幸闖過路線終點時，可藉由道碴或泥土帶來的摩擦力與阻力，讓列車減速或停止。

 止衝擋

活動式止衝擋

固定式止衝擋

輕便鐵道末端，多直接埋入道碴或泥石中

火車如何轉換軌道？

　　火車從主幹線駛入支線，或由支線轉入主幹線，軌道上必須有特殊裝置，引導火車車輪滑入另一個軌道，此裝置即稱之為「道岔」。

　　道岔主要由軌道上特殊的活動裝置與控制此活動裝置的「轉轍器」共同組成，藉由鋼軌的導引，讓列車車輪駛入分歧的路線上。

　　道岔的型式，依照路線分歧的方向與數量，可分為左開或右開的單開道岔、兩條平行軌道連通用的菱形道岔、剪型道岔，以及雙開、三開、三軌區間用道岔等特殊道岔。

　　控制軌道方向的轉轍器又分為手動與電動兩種，前者可就地由人工直接扳轉，或號誌樓內以人工扳轉連動控制機械，適用於列車較少行駛的路段；後者則是以車站內的號誌盤控制操作，或由 CTC 行控中心遙控。

複雜的站場股（軌）道，可由人工透過站內號誌盤來操控轉轍器，增加行車效率。

人工扳動手動轉轍器
（圖：田瑞哲）

什麼是橫渡線？

橫渡線（Crossover），又稱渡線、過渡線、轉轍段，是指用以連接兩條平行鐵軌的一種道岔，使行駛於某路線的列車可以換軌至另外一條路線。該類軌道通常會配有一組至多組的轉轍器。

臺北捷運南港機廠旁的橫渡線

為了增加運輸的能量，近代的鐵路線多鋪設雙線（複線）軌道，而兩條路線間一定會設置「橫渡線」（Crossover）來聯絡，如此可以讓列車轉往另外一軌路線，增加行車調度的靈活性之外；在發生緊急事故時，也能維持路線的正常營運，因此車站站場、調車場、重要橋樑與隧道前經常可見橫渡線的設置。

一般來說若路線許可，橫渡線會以兩個平行線聯軌設計，但如果要縮短聯絡線路線長度，就會以相交線的方式設計。由於相交線形成菱形狀，因此被稱為菱形道岔（Diamond crossovers），常運用在捷運路線上。

臺鐵支線沙崙線上的橫渡線

鐵道路線是如何選擇與規劃的？

鐵路路線的規劃，經常是取決於地形等自然因素與人為因素所致，因此兩座車站間的路線通常不會是單純的直線，特別是臺灣山高水急，南北往來天險無數，早年的鐵路工程師為了鋪設鐵路線，均需克服許多地形上的障礙，造就了當今臺灣鐵道路線的多樣貌，因此當我們沿著臺灣的鐵路旅行時，不難發現鐵道路線總是遇山開鑿隧道、遇水則架設橋樑。各種克服自然的地形而衍生出的特殊鐵道路線設計，反映了臺灣豐富又多樣的地形特色。

鐵道路線的規劃關係著營運後的運輸效益，工程師們必須兼顧施工成本與未來沿線車站營收考量，因此鐵道路線的選擇、規劃與決策過程必須非常嚴格審慎，通常分為踏勘（或稱草測）、初測、定線與施工四個程序。

阿里山森林鐵路，即為克服高山地勢而採用許多特殊工法修築，包括螺旋形環繞獨立山，以及之字形（折返式）路線。

影響路線選擇的重大因素有哪些？

坡度

鐵路的坡度對行車有極大的影響，通常以千分之幾表示路線上升或下降的坡度，例如鐵道路線在 1000 公尺的平面距離內升高 15 公尺，這樣的路線坡度就稱為「15‰（千分之十五）」。

臺鐵路線中最陡的坡度，出現在深澳支線瑞芳－海科館站間的路線上，約為 27.7‰。林業署管理的阿里山森林鐵路本線，最大坡度則是高達 62.5‰。

曲線

在鐵路工程中，以路線彎道上取 20 公尺弦的中心角或彎道半徑長度來表示路線上的曲線半徑，彎道曲線半徑越小，曲度越大，路線彎道也就越彎，如此會限制列車通過的長度，造成行車限制影響列車的運轉。例如臺鐵最小的曲率半徑約規定不得小於 250 公尺，阿里山森林鐵路本線的最小曲率半徑，必須在 40 公尺以上。

此外，當列車行駛至彎道時會產生離心力，若彎道上的兩條鐵軌在同一個水平面上，容易危及行車安全，因此在彎道曲線的外軌，通常會比內側軌道高，稱為「超高度」。

火車如何穿過高山、越過小溪？

隧道

　　開鑿隧道可以讓鐵道路線順利穿越山地，也能讓火車通過不適合架設橋樑的河流河床之下，而鐵路地下化更是需要隧道工程來達成。

　　臺灣鐵路大部分的隧道都是為穿越山嶺所需而開鑿，歷史上最早完工使用的鐵路隧道，是位於基隆劉銘傳時代所開鑿的獅球嶺隧道。

涵洞與橋樑

　　若鐵路需跨越河流或其他障礙，多半會架設橋樑；至於小型的溝渠或預留排水的地方，則會鑿通「涵洞」以利列車通行。

　　鐵路橋樑的設計，需考量跨越河流的寬度與橋樑本身的乘載，可使用木、石、鋼或鋼筋混凝土等材質。早期承載鐵路鋼軌的鐵路橋樑常使用鋼樑，分為鈑樑與桁樑（花樑）兩大類。

　　此外，依照鐵路面所在的位置，可分為上承式橋樑與下承式橋樑。目前臺灣最長的鐵路橋樑是高鐵彰化八卦山至高雄左營的鐵路橋，全長 157 公里。

隧道與橋樑

獅球嶺隧道。其南口洞門上，有清代劉銘傳親題的「曠宇天開」匾額

大安溪鐵橋

內灣線上坪溪橋採用上承式預力混泥土樑

# 怎麼克服崇山峻嶺鋪設鐵路？

因為鐵道路線有坡度與曲度的限制，若當鐵路線不得已需要爬坡登山時，鐵路工程師們多會選用以下幾種方法來讓火車爬坡：

盤山展線法

若鐵道路線上的爬坡坡度超過最大限制，工程師就會將鐵道路線延長，以取得較長的水平距離，以減緩路線坡度。最常見的方式，是讓鐵路線沿著等高線緩緩爬升，形成「Ω」型路線，如阿里山森林鐵路的水社寮或二萬坪段。

另外還可以架設橋樑和開鑿山洞，形成螺旋狀的路線爬坡，如阿里山森林鐵路獨立山路段。

折返式

若受到地形的限制，無法利用盤山展線法，工程師則可以選擇「折返式」的設計，讓列車順利登山。折返式是將登山路線拆成數段，讓列車在不斷變換列車行進方向時順利克服陡坡爬升。

早年臺灣許多鐵路都可看見折返式的路線設計，如阿里山鐵路森林本線上的第一分道，到阿里山舊站（沼平站）之間即採折返式登山。

由於這種路線設計會限制列車長度，也造成行車的困難、增加行駛時間，非不得已不會採用這樣的設計。

折返式路線

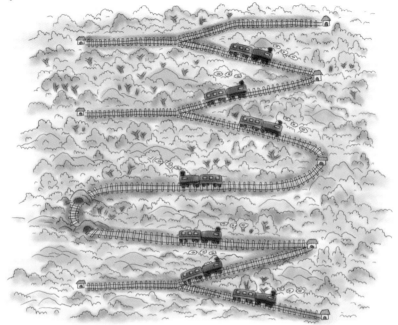

折返式路線（Switchback），是在坡度較大的地形，以某方向進入一地點後，再以反方向銳角折回，繼續前往下一地點，為登上丘陵、山地的方式之一。

獨立山螺旋登山鐵道模型

阿里山鐵路的折返式站場（圖：深海魚）

6

車站月臺篇

鐵道旅行的起點與轉捩點

車站功能是什麼？各等級車站有什麼差別？

在鐵路系統中，車站是旅客搭乘列車的重要的門戶，也是一般道路與鐵路的轉乘交通據點；從城市發展的角度來看，我們不難發現火車站往往是一座城市或鄉鎮聚落的重心，更是文明、經濟發展的象徵。

臺鐵大部分的車站都是專門為辦理客、貨運業務而設置的火車站。其中若是僅辦理客運業務的車站，稱為「客運站」；只辦理貨運業務的火車站則稱為「貨運站」。

臺鐵車站的等級劃分

根據交通部臺灣鐵路管理局「運務處車站等級查定標準」，臺鐵現行車站可分為特等站、一等站、二等站、三等站、簡易站、招呼站等六種等級。評估各車站等級的重要因素，包括客、貨車的營運收入、客車停靠數、上下車人數、到貨噸數、貨車在站調車次數等。

不過，車站等級並非永久不變的！臺鐵每五年會重新評估與調整車站的等級，並根據車站等級配置恰當的工作人員數。有些小站因為營運成效不佳，經過評估後就有可能被降級，甚至遭到廢站的命運。

（左）臺北站（特等站）
（右）龍港站（招呼站）

車站內有哪些空間與設施呢？

　　火車車站的規模大小，通常由當地客、貨運量而定。至於車站站房的設計，外觀上可能會隨著車站等級大小，而有氣派雄偉與小巧簡單的差異；站內則是將站務員辦理行車業務及乘客的便利性作為主要設計考量。

　　一般而言，火車站房內有候車室、售票房及站務辦公室三大部分；站房外則設置月臺、候車亭與跨線天橋或地下道，提供乘客安全、便利的候車與轉乘環境。

傳統車站設施

站務辦公室

票房

候車室

售票窗口

為何提供乘客上下車的平臺叫做月臺？

　　清末臺灣初建鐵路時，火車主要的功能是運送貨物，而在火車旁邊的平臺上卸載貨物的動作，猶如船隻在碼頭裝卸貨物般，因此當時人們將火車停靠的地方稱為「火車碼頭」。

　　那麼，月臺之名又是從何故而來的呢？

　　原來在中國傳統建築的設計中，大殿或正房前方的露天平臺，上方沒有遮蔽的篷蓋，是夜晚賞月的絕佳地點，所以稱為月臺。後來人們援引此極具詩意的說法，將車站主建物延伸出去、方便旅客上下車的墊高平臺稱作「月臺」。

　　除了臺灣，主要族群由華人組成的香港、新加坡也將此設施稱月臺，中國大陸則是以「站臺」稱之。

常見的月臺型式有哪些？

1. 在單線區間的車站，會在鐵路正線旁設置月臺。

2. 設置在上下行鐵路兩旁的「岸壁式月臺（或稱側式月臺）」

3. 夾在兩條鐵軌間的「島式月臺」

4. 不同樓層的「疊式月臺」（如高鐵板橋站、臺北捷運中正紀念堂站等）。

　　此外，國外許多終點站上常見「終端式月臺」，阿里山森林鐵路嘉義站及臺鐵少部分車站的貨物線上也有這樣的設計。

月臺型式

正線旁的月臺

岸壁式月臺

島式月臺

疊式月臺

月臺如何編號？

　　臺鐵的月臺編號，以一整座月臺為單位，最靠近車站主站房的常稱為第一月臺，依此類推為第二月臺、第三月臺…，月臺兩側再細分為 1A 和 1B 側、2A 和 2B 側…。

　　臺鐵歷史上出現過最多月臺的車站，是地下化前的舊臺北車站，一共有六座月臺。

　　高鐵月臺則區分為南下與北上，每個月臺兩側和臺鐵一樣，會再細分為 1A 和 1B、2A 和 2B 側…。

　　臺北捷運和高雄捷運則以月臺側為單位，依列車行駛向分區（如板南線第一月臺是南港展覽館的方向、第二月臺是往永寧土城的方向），因此第一月臺與第二月臺會分別在同一層（座）月臺的兩側。

通往第三月臺（車站後站）　通往第一月臺（車站前站）

第二月臺

汽車也有專用的火車月臺？

你知道臺鐵也有提供汽車上下火車的月臺嗎？

早年為了國防戰備需求，許多臺鐵車站的側線路線末端會設置「汽車月臺」，以利軍用車、坦克履帶車開上平車，再由人工綑綁固定後，移防至戰術位置或基地訓練。

此外，臺鐵也曾開辦人車同行（小汽車上火車）的業務，讓民眾將汽車附掛於特定車次的車廂中，此時便是「汽車月臺」派上用場的時候了！

不過目前臺鐵人車同行（小汽車上火車）的業務已暫停辦理。

基隆臨港線的軍用「汽車月臺」及用來運送軍用車的平車

汽車月臺

臺鐵列車附掛運送小客車

7

鐵道事業篇

悠遊鐵路大觀園

臺灣有哪些鐵道事業？

　　鐵道事業是一個規模龐大的交通運輸系統，由大小規模不等的站場、綿長堅實的軌道設施、各種性能或用途不同的車輛，以及經過精密計算與規劃的列車運行時刻與行車管理系統…等，共同組織成為現代化便捷的軌道運輸系統。

　　臺灣的鐵道運輸事業包含臺灣鐵路管理局（簡稱臺鐵）、臺灣高速鐵路股份有限公司（高鐵）、都會區與機場的捷運系統（臺北大眾捷運股份有限公司、高雄、桃園及臺中捷運與新北市捷運公司）與各種產業鐵路等，其中臺鐵的鐵道路線範圍涵蓋全島，高鐵主攻西部走廊的運輸，臺北及高雄捷運系統則擔綱兩大都會區內的大眾交通運輸主力。

　　至於產業鐵路則是為因應各種的經濟產業而生，包括臺灣早年的森林鐵路（林鐵）、製糖工廠的原料運送路線（糖鐵）、鹽場運輸鐵道（鹽鐵）、礦業運輸軌道（礦鐵）等；不過由於產業轉型，原來負責產業運輸的鐵道路線紛紛停駛或拆除，部分保留下來的鐵道路線便轉型成為觀光鐵道。

　　例如由林業署經營管理的阿里山森林鐵路、林業署新竹林區管理處的烏來臺車、太平山國家森林遊樂區內的蹦蹦車、臺糖公司的觀光糖廠五分車等，皆成功轉型為觀光事業，不但讓這些珍貴的鐵路設施與車輛，免於隨產業沒落而消失的命運，也讓民眾多了許多可以體驗往昔產業文化與風光的好去處！

 # 臺灣重要鐵道事業

臺灣鐵路管理局

臺中捷運

桃園機場捷運公司

臺灣高速鐵路股份有限公司

臺北大眾捷運股份有限公司

阿里山森林鐵路

糖業鐵路（臺灣糖業股份有限公司）

臺灣鐵路管理局有多少營運路線？

　　臺灣鐵路的歷史，最早可追溯到清代劉銘傳任臺灣巡撫時期，歷經百年來的修築與增建，已陸續完成全臺環島鐵路的鋪設，現由臺灣鐵路管理局經營管理。

　　臺灣鐵路管理局（簡稱為臺鐵），是隸屬於交通部的獨立機構，也是臺灣規模最大的鐵路事業業者。

　　臺鐵營運總里程約為一千多公里，可大致分為西部幹線（基隆─高雄，含山線與海線）、東部幹線（宜蘭線、北迴線及花東線）、屏東線（高雄─枋寮）、南迴線（枋寮─臺東）與平溪、內灣、集集、深澳、六家及沙崙支線（客運支線），以及貨運支線、工廠產業專用支線與側線，皆採用 1,067mm 軌距的軌道，是臺灣最重要的鐵路網。

　　此外，原來由林務局經營管理的阿里山森林鐵路（762mm 軌距），於 2013 年 5 月 1 日起，曾經是臺鐵路網的一部分，不過 2018 年 7 月再度移交給林務局（今林業署）經營管理。

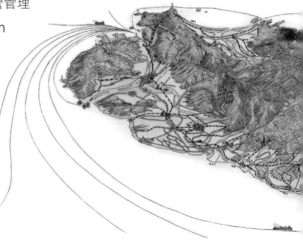

臺鐵營運路線一覽表

幹線	客運支線	貨運支線
縱貫線北段 （基隆—竹南）	平溪線 （三貂嶺—菁桐）	
縱貫線山線 （竹南—臺中—彰化）	內灣線 （新竹—內灣）	臺中港線
縱貫線海線 （竹南—大甲—彰化）	六家線 （竹中、六家）	花蓮臨港線
縱貫線南段 （彰化—高雄）	集集線 （二水—車埕）	中興一、二號特種支線
屏東線 （高雄—枋寮）	沙崙線 （中洲—沙崙）	工廠側線
南迴線 （枋寮—臺東）	深澳線 （瑞芳—八斗子）	
宜蘭線 （八堵—蘇澳）	**曾協助營運，2018 年 7 月交還林務局（今林業署）**	
北迴線 （蘇澳新—花蓮）	阿里山森林鐵路 （嘉義—奮起湖—神木 —阿里山—沼平）	水山線 （沼平—水山神木）
臺東線 （花蓮—臺東）	祝山線 （沼平—祝山）	

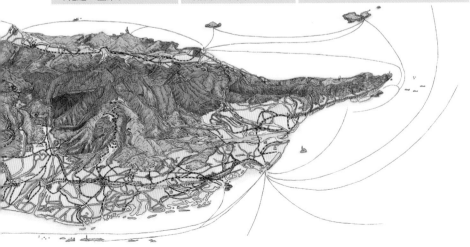

臺灣有哪些
都會捷運？

　　目前臺灣在大臺北都會區、臺中都會區及高雄都會區，分別都已規劃建設捷運系統，營運路線也陸續增加。未來還有新竹、臺南都會區捷運與輕軌規畫，而現有各都會區新增計畫的路線也將陸續完工通車，為大家服務。

大臺北都會區

目前捷運路線包含了臺北捷運、新北捷運及桃園捷運，如果再加上原本的臺鐵與高鐵路線，將臺北市、新北市、基隆市及桃園市的軌道系統整合成為綿密的運輸網路線。其中臺北捷運是臺灣最早啟用的都會捷運系統，1996 年起陸續完成各路線的通車作業，提供民眾提供便捷又舒適的運輸服務。臺北捷運的運輸設施可分為高運量（鋼軌）及中運量（膠輪）系統。前者多採地下化與高架化的專用路權形式，列車車廂較寬敞，目前的紅線、橘線、綠線及藍線等皆屬此列；中運量系統採用地面與高架的專用軌道，使用膠輪路軌，目前的棕線即採取此系統。新北捷運營運的路線為環狀線、淡海輕軌與安坑輕軌路線，後續也隨著路線的增築而逐漸增大；此外桃園捷運也內入大臺北都會區的捷運系統中，在 204 頁有詳細的介紹。

臺中都會區

臺中都會區的大眾捷運系統中目前通車營運的烏日文心北屯線（捷運綠線），最早為 2004 年由政府核定，並於 2009 年 10 月開工興建。現有的中捷綠線全長 16.71 公里，其中高架段約 15.94 公里，地面段約 0.77 公里，路線自北屯總站至高鐵臺中站，共設置 18 座車站，營運初期將有 18 列電聯車投入營運。

高雄都會區

高雄捷運股份有限公司（高雄捷運）於 1999 年 2 月 1 日開始規劃，2001 年 10 月開始動工興建。其中紅線與橘線這兩條線於 2008 年起陸續通車營運，2023 年路線總長 44.69 公里，是臺灣第二座大眾捷運系統。高雄捷運除了高運量系統紅、橘線外，也負責高雄輕軌的營運，有關輕軌的部分也將在 209 頁介紹。後續高雄捷運路網將計畫紅線延伸岡山路竹與黃線路線規劃。

捷運和地下鐵 有什麼不同？

　　捷運的正式名稱是「大眾捷運系統 mass rapid transit（MRT）」，是指都會區內的交通運輸系統，以特別設計的電聯車行駛於專用路權的軌道上，可採用地下、地面及高架三種方式來建造。

　　捷運最大的特色與優勢，是可提供班次密集、運量大、速度快、準時、安全又舒適的服務。在臺灣，捷運可說是都市文明經濟高度發展的象徵。

　　世界上大部分的捷運系統，早年軌道路線設計鋪設於地底下運行，而有「地下鐵」（subway）稱呼，雖然和臺灣所使用的「捷運」名稱不同，但同樣都是指都會區內重要的軌道交通系統。

臺北捷運與國外地下鐵

臺北捷運新店線為地下化的捷運系統

地鐵是世界各大城市的重要交通運輸設施（圖為東京地鐵）

臺灣高鐵創下哪些前所未有的紀錄？

　　為了提供大眾更便捷的交通運輸選項，政府於 1987 年即著手研究創建高速鐵路的可行性。原本計畫由政府編列預算興建，但因為預算過高，最後採取民間參與興建的 BOT 模式。高鐵於 1999 年開始正式規劃興建，總投資金額超過 3000 億元！這個案子不但是臺灣第一個民間參與的 BOT 案，其單一工程金額更是全球少見的巨額。

　　2007 年元月臺灣高鐵公司經營的高速鐵路正式通車，目前營運路線從南港至左營，總計 350 公里。

　　臺灣高鐵的啟用，串聯西部走廊的重要都會圈，成功實現臺灣一日生活圈的理想。 高鐵的營運車輛 700T 列車，係以日本新幹線 700 系列車為基礎來量身打造，未來更將採購以 N700S 為藍本的新型高列車 12 組（144 節車廂），並在 2027 年投入營運；目前臺灣高鐵的車輛外觀是亮眼的橘白色，運轉時速高達 300 公里，臺北—高雄左營間的行車時間僅需 90 分鐘，成為目前臺灣陸上最快速的交通運輸工具，更因此博得「臺灣新幹線」的美名。

 臺灣高鐵路線圖

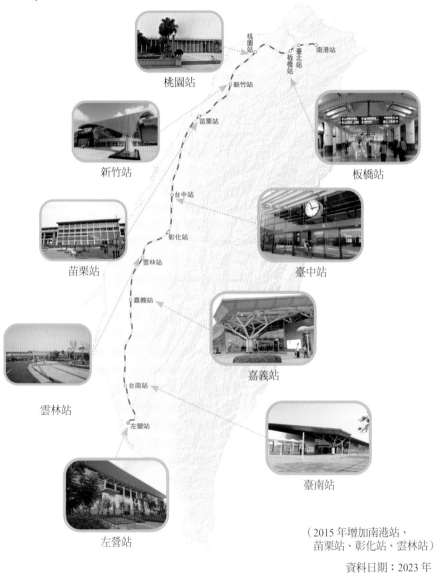

桃園站

新竹站

板橋站

苗栗站

臺中站

雲林站

嘉義站

臺南站

左營站

（2015 年增加南港站、
　苗栗站、彰化站、雲林站）

資料日期：2023 年

哪些鐵道可直接提供桃園機場接駁服務？

桃園大眾捷運股份有限公司（桃園機場捷運）

　　桃園機場捷運初期規劃由臺北車站往南（林口臺地）發展，經過桃園國際機場至桃園市中壢區，全長約為 53 公里，設有 24 個車站。

　　機場捷運可銜接臺鐵、高鐵、臺北捷運，提供旅客轉乘服務，成為桃園國際機場的重要聯外交通運輸網絡。

桃園國際機場的航廈電車

　　位在桃園國際機場一、二航廈間的小型捷運系統，正式名稱是「旅客自動電車輸送系統（People Mover System，又稱 Skytrain）」，於 1997 年由民航局擴建工程處發包，中華顧問工程司規劃設計監造，日商新潟鐵工所（現稱新潟 Transys 株式會社）承造。2003 年 1 月 18 日交由當時的中正國際航空站營運使用，連接現有第一、第二航廈。

　　航廈電車採用無人駕駛捷運系統，與臺北捷運文湖線同樣使用膠輪路軌。路線分為南側及北側，分別為兩條長約 660 公尺之雙向軌道。因為距離短，南北二線均為單線往返，線上各只有一組電車來回奔波。

　　其中南側路線上的電車有兩節不相通的車廂，分別提供境內專用與境外管制區之旅客使用；北側路線的電車只有一節車廂，位於境外管制區內，僅供尚未入境的旅客使用。

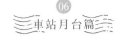

 桃園機場南側航廈電車

通往第一航廈方向

通往第二航廈方向

臺灣有哪些極具觀光休閒價值的鐵道？

　　臺灣過去有非常豐富的產業鐵道資源，隨著產業沒落或轉型，這些火車也轉型為觀光火車，成為許多民眾假日休閒的好去處。

　　此外，還有許多廢棄的鐵道，經過規劃與整理後改建為自行車道或休閒步道，讓民眾可沿著軌道遺跡，遙想當年風光無限的列車風華。

　　以下是有定期營運的列車，歡迎大家親自體驗鐵道的多元風情：

新北市─臺灣煤礦博物館─礦車體驗

新北市─烏來風景區─臺車體驗

新北市─猴硐坑休閒園區─礦車體驗

宜蘭縣─太平國家森林遊樂區─森林鐵路蹦蹦車

彰化縣─溪湖糖廠鐵道─糖廠五分車

嘉義縣─蒜頭糖廠鐵道─糖廠五分車

嘉義縣─阿里山森林鐵路─森林鐵路

臺南市─烏樹林文化休閒園區─糖廠五分車

臺南市─新營糖廠─糖廠五分車

高雄市─橋頭糖廠（臺灣糖業博物館）─糖廠五分車

 臺灣重要觀光鐵道

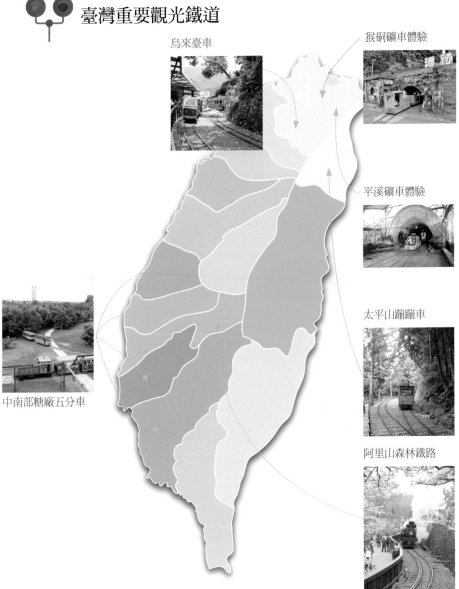

烏來臺車

猴硐礦車體驗

平溪礦車體驗

太平山蹦蹦車

阿里山森林鐵路

中南部糖廠五分車

阿里山森林鐵道有甚麼特別之處？

　　西元 1914 年阿里山森林鐵路嘉義至沼平 71.9 公里的登山本線修建完成，當時為了將海拔兩三千公尺山上的珍貴林木運下而建，森林鐵路登山本線從海拔僅 30 公尺的嘉義站開始，一路爬升至海拔 2,274 公尺的沼平站，再修築穿梭在各林場間的林場支線；不過要順利並兼顧安全地穿梭在山林間，阿里山鐵路與列車的設計就必須採用許多獨特的築路工法。

路線

　　採以輕便鐵路 762mm 軌距，除了鐵道路線常見的逢山鑿洞遇水架橋外，順著山勢爬山的路線與獨立山迴旋爬升、折返式的「之」字型路線，豐富了短短 71.9 公里的登山本線。

車輛與行車方式

　　早年行駛阿里山森林鐵路的蒸汽機車是美國 LIMA 公司製造的直立汽缸（shay）式，不同於一般蒸汽火車的汽缸與傳動桿的配置方式，阿里山蒸汽機車採用直立式汽缸帶動滾轉的橫桿與傘狀齒輪傳動，並區分 18 噸級平地線與林場線使用的蒸汽火車（11-18 號）及 28 噸級登山本線使用（21-32 號）兩種規格。

　　為了避免列車車廂重力造成連結器斷裂發生行車危險，阿里山森林鐵路的機車至今都配置在列車的尾端（下山端），以後推方式運行上山。

臺灣也有輕軌嗎？

為了推展輕軌運輸，高雄市政府曾經在 1993 年於中央公園內鋪設輕軌路線，並行駛西門子輕軌列車供民眾體驗；而正在施工中的高雄輕軌路線以臺鐵高雄臨港線鐵路為基礎，第一階段從前鎮調車場至捷運西子灣站，全長 8.7 公里路段完工通車，成為全臺第一條輕軌運輸路線。

第二階段 13.4 公里路段也配合 2017 年高雄市鐵路地下化施作，在 2023 年底全線完工通車。

不讓高雄市專美於前，新北市政府也完成了淡海輕軌第一期路網，包含了從捷運紅樹林站沿中正東路、淡金路至新市六路站，共 11 站的綠山線，而綠山線沙崙站也是藍海線起點，可向北延伸至淡海新市鎮與往南至八里臺北港特定區，目前第一期路網已經通車營運，第二期也規劃於 2025 年完工通車。

而 2023 年通車營運的安坑輕軌，全線位於新北市新店區，全線 7.5 公里，起點站為 K9 十四張站、終點站為 K1 雙城站，沿線設置 9 座停靠站，其中起點十四張站可與新北環狀線銜接轉乘。

新北淡海輕軌列車（廖建竣攝）

高雄輕軌列車外觀亮麗、內裝精緻、並採用先進的無架空線供電系統。

8

鐵道職人篇

我要成為列車長！

列車司機要做哪些工作呢？

　　司機員負責控制列車運轉，依照任務的不同牽引客運列車、貨車或者在特定的站場或路線上調車。也因為司機員駕駛列車關係到全車乘客的安全，在執行任務時必須確報身心狀況在最佳的狀態，可說是相當辛苦。本篇以臺鐵機務司機員為例，介紹司機員要做什麼。

　　列車運轉中要隨時注意列車狀況、路現狀況，依照路線的限制、號誌的指示操控車速，適時鳴笛、踩踏防止司機員打瞌睡的「警醒裝置」。為了讓司機員再次確認眼睛看到的號誌，還要以手指向號誌、以口大聲唸出看見到的號誌顏色與狀況，臺鐵人稱為「呼喚應答」，這是為了讓司機員重複確認再確認，確保乘務的安全。

司機員工作任務大公開

司機員的工作時間：以時刻表中 06：00 分由七堵站發車，09：16 經彰化站、12：15 分抵潮州站 E1000 型推拉式自強號為例。

七堵至彰化 第一組機班組員	彰化至潮州 第二組機班組員
04：30 至機務段報到，實施酒測後領取報單 (任務單)，並且抄下今天任務路線上公告的注意事項。	
04：50 司機員上車進入到列車駕駛室進行機車頭開車前的整備與檢查後出庫。	
05：40 自機務段行駛至七堵車站	
06：00 整備完畢列車發車！	
乘務時間	08：26 至彰化機務段報到，實施酒測後領取報單 (任務單)，並且抄下今天任務路線上公告的注意事項。
	08：46 司機員自機務段步行至車站月臺端 (列車到站前 5 分鐘月臺前端等後列車進站交接)
	09：06 月臺前端等候列車進站交接
09：16 完成交班	09：16 彰化站發車！
09：26 司機員步行至回彰化機務段	乘務時間
09：56 完成回段報告後下班	
	12：15 抵潮州站後　回送　至潮州車輛基地
	12：24 列車車入庫、實施入庫後檢查
	13：14 完成回段報告後下班

註 1：因臺鐵火車種類眾多，從司機員報到到開車時間也會不同，通常大約是 1 小時，不過 E1000 型推拉式電車因為頭尾都有動力機車故整備時間為 1 小時 30 分、3000 型為 1 小時 20 分。

註 2：列車司機從始發站開車抵達到達終點站的實際運轉時間稱為「乘務時間」。

掌握列車開門時間的是哪位工作人員？

　　臺鐵與高鐵列車都編制列車長來管理列車上大小事務，是火車上的靈魂人物，也是司機員的最佳夥伴，負責掌握列車行車安全、旅客服務以及狀況處理等工作。本篇以臺鐵列車長為例，介紹列車長的工作內容。

1. 開車前準備：列車長在列車出發前必須提早至各車班組報到，整理服裝與領取裝備至月臺；整備列車尾燈正常亮起後，巡視各車節車廂冷氣燈光等。此外，開車前須向司機員確認班車車廂數量與噸數，以利司機員控制列車。

2. 掌握開車時間：開車前，收到值班站長關門號訊，確認旅客均已上車，全列車門均關妥，司機員確認出發號誌之後「開車 all right」。

3. 停靠站開門與注意旅客安全。

4. 巡視車廂並注意行車狀況：隨時注意車廂內所有狀況，如機電、冷氣、電燈、廁所與乘客情形，此外驗票、補票工作也會在旅途中執行。

5. 乘務結束：列車抵達終點時，列車長必須回到車班組，詳細填寫車長日誌以及報單，正確記錄該班次列車到站與開車時間，及本次車發生之各種狀況，此外還要特別確認所有的旅客都下車，才算完成任務。

為什麼有鐵路警察？
他們的任務是什麼？

　　早年鐵路設備與車輛被視為重要國防戰備目標，因此政府將臺鐵納入國家整體防護體系內，設置「鐵路特種防護團」來維持整體的安全。

　　隨著國家安全的觀念轉變，防止人為破壞鐵路的安全防護體系已轉成為預防危安事故發生與緊急事件處理。

　　現在臺鐵防護團的主要工作在於規劃推動各種防災訓練計畫，當真正發生意外時，臺鐵就得以啟動防護團的機制。

　　此外，內政部警政署也設置了鐵路警察，加強維護國內鐵道運輸安全與交通秩序。

（看橋工房攝）

維護車站與行車秩序的是哪些工作人員？

　　除了列車上的司機與列車長外，其實鐵道事業還需要許多工作人員一同努力，才能維持列車順利運轉，甚至維護乘客的安全。

　　臺鐵局的員工依照工作內容的不同，區分為運務、機務、工務及電務四大部分，但自從臺灣鐵道多了捷運和高鐵兩種鐵道運輸系統之後，也引進國外的鐵道管理概念，以精進整個鐵路運行管理效率。

　　舉例來說，捷運與高鐵的工作可區分為站務、車務及維修三大部分，便與以往臺鐵的分類大不相同。

運務人員

　　為了確保列車運轉正常，以及使旅客或貨物能夠順利上下列車，臺鐵或高鐵多會在車站配置站長，負責總籌管理全站大大小小的事務，包含站內員工工作安排、維護車站及行車秩序、確保行車安全等。

　　除了站長，尚有副站長、售票員、廣播員、剪票員、旅客嚮導等站務人員，行控中心內的控制員等都屬於運務人員。

誰是讓火車順利運行的幕後功臣？

　　臺鐵有一群默默的維修人員，他們的任務是負責維修與保養軌道、號誌、電力設備。為了避免維修作業影響到列車的正常運行，因此工作時間通常會在夜間進行，減少對旅客的衝擊。如果鐵道沿線設施因颱風、暴雨侵襲而毀損、故障，維修人員必須隨時待命，負責維修。

　　由於維修任務龐大細瑣，因此臺鐵還會細分為軌道、路基、橋樑及隧道維修的「工務人員」，以及電力設備、號誌系統維修的「電務人員」。

（施依吾攝）

 # 如何從臺鐵員工的帽子分辨工作職等？

答案就在他們配戴的大盤帽上！從帽邊的顏色和條紋，即可判別他們的身分與職等，一起來瞧瞧！

 臺鐵大盤帽

局長帽

站長：紅色帽邊＋一粗金線

機車長（司機員）：橘色帽邊＋一細金線

站務員：單純黑色帽邊

運轉員：寬幅橘紅色帽邊

同場加映——
臺鐵新式帽徽

　臺鐵帽徽的設計為局徽加上展翅飛翔的翅膀意象；2013年臺鐵更換工作人員制服時，將原有布質刺繡帽徽，改為一體成形的金屬帽徽。

列車長：黃色帽邊＋一細金線

運務段段長：帽邊有金色嘉禾帽飾

站務員（女用）

特等站長：紅色帽邊＋一粗金線＋
金色帽帶

臺北捷運行控中心控制員的工作有哪些？

現代化的火車運行，大多由中央行控中心（Centralized Traffic Control, CTC），統一管控路線上運轉的車輛，增加行車運轉效率並提升安全性。其中負責坐鎮控制中心的控制員，有著不容小覷的重要性。

控制員的工作包括監控號誌、通訊設備與列車運行狀況，並適時處理突發事件。我們以臺北捷運行控中心為例，介紹列車控制員的一天。

臺北捷運行控中心的控制員，採行三班制輪班。控制員每日上線前會進行勤前教育，了解與確認本日工作重點及近日調整之作業程序等。

控制員的工作相當不輕鬆，早、午班的控制員會遇到上、下班的尖峰時段，需要審慎以待；夜班的工作則較複雜，包括末班車及轉運車的發車確認、營運結束後的收車作業，以及夜間部分路段測試作業、場站設備測試與維修人員進場管制，最後還有清晨巡軌及佈車作業等。

控制員的每日例行工作：

- 控制員完成交班後，必須檢查各項設備是否運作正常（包括號誌、通訊及監視系統、行政作業系統等），並記錄於工作日誌。

- 一切清點無誤後，須隨時密切注意列車準點、誤點狀況與列車設備（必要之時安排換車作業）。

- 在尖峰時段，依時刻表排定加班車，精準掌控列車班距與靠站時間，避

24 小時不停歇的行控中心

00：00~04：30	收車作業、維修工作
04：30~05：00	遠端遙控測試轉轍器與號誌
05：00~06：00	晨間巡軌佈車作業
06：00~08：00	列車正式營運，陸續派發加班車
08：00~00：00	控制員執行每日例行工作

免先後兩班列車太靠近，造成加減速異常或使旅客乘坐不適；此外也要避免列車靠站時間不足，讓旅客來不及上下車等情況。

· 離峰時段，因乘客數量減少，需依照時刻表安排收車，並執行例行性工作事務，如通訊測試、狀況模擬演練等。

· 提供旅客服務，例如通知站務人員協助引導視障旅客、尋人廣播通知、旅客遺失物協尋、旅客身體不適的處理，以及騷擾或糾紛事件之因應。

· 若遇到突發狀況，例如行車異常、車門故障等狀況，則協助列車司機員進行故障排除引導、臨時調度作業，或指揮車站人員協助配合等相關事宜。

如何投身鐵道事業？

　　將興趣與工作結合，是許多人的夢想；親自駕駛列車、引導旅客或是默默在夜間檢視修築鐵路設施…，和火車零距離地工作更是鐵道迷心中永遠最美的夢！但，要如何進入鐵路車業、為自己熱愛的鐵道付出心力呢？

臺灣鐵路管理局

　　由於臺鐵是政府部門之公共運輸業，所以正式員工具有公務人員的身份，必須透過國家考試及格錄取後，才取得進入臺鐵服務的資格。

　　依交通事業人員資位職務分立制分為高員級、員級、佐級、士級，人員任用以鐵路特考為主（近年特考已取消士級）。另外依職務分為「業務類」與「技術類」，甄選考試的科目也會因此而不同。

　　未來臺鐵公司化之後，招聘的條件與方式也會有所不同。

臺灣高速鐵路股份有限公司

　　臺灣高鐵公司不只將公司定位為交通運輸業，更自許為高品質的生活服務業，因此高鐵站長及列車服勤員等工作的徵才資格，並不侷於有交通運輸業經驗的人才，而是擴及各項服務管理的範疇。

　　由於站長及列車服勤員等第一線工作人員，每天與顧客接觸密切，必須具有「顧客導向」的思維與高度的服務熱忱，有意應徵者，可上臺灣高鐵公司、勞委會職訓局 e-job 及 104 人力銀行網站登錄資料。

各都會區大眾捷運股份有限公司

　　各捷運公司的職務名目繁多，不同職缺有不同的徵才要求，如：調度員、控制員及工程員需碩士以上，助理工程員及助理管理員需大學以上，司機員及隨車站務員只需高中職畢即可。

　　臺北捷運的考科包括：語文（國文及英文）、心理測驗、電腦概論、綜合科目（數學、公民、捷運常識）。和其他國營事業考試相比，考科相對簡單。

 ### 五度五關！加入鐵道事業

鐵路事業別	筆試	體能測驗	面試（口試）	專業術科	體檢合格	備註：公務員資格
臺灣鐵路管理局	⊙	⊙（視職務需要）		⊙（視職務需要）	⊙（筆試及格後實施）	⊙
阿里山森林鐵路	⊙	⊙		⊙		不定期契約工
臺灣高鐵公司			⊙	⊙		
臺北捷運公司	⊙		⊙	⊙	⊙	
高雄捷運公司	⊙		⊙	⊙		
桃園捷運公司	⊙			⊙		

叮嚀：坊間許多公職補習班都會誇大鐵道事業的福利，吸引學生報名或購買考試參考書籍；建議想要從事鐵道類別工作的讀者，先於官網瀏覽招募簡章，仔細研讀限制與福利，了解夢想與現實間是否有太大的落差。

彩色全圖解！

鐵道觀光年後最新修訂版

鐵道迷的第一本書

作　　者　鄧志忠

圖片提供　鄧志忠、陳健雄、林佳燕、看橋工房、
　　　　　劉俊賢、鄭銘彰、田瑞哲、深海魚、
　　　　　遠足資料中心

封面設計　汪熙陵
排　　版　簡單瑛設
資深主編　賴虹伶
副總編輯　賴譽夫
執 行 長　陳蕙慧

出　　版　遠足文化事業股份有限公司
發　　行　遠足文化事業股份有限公司 (讀書共和國出版集團)
地　　址　231新北市新店區民權路108之2號9樓
郵撥帳號　19504465 遠足文化事業股份有限公司
電　　話　(02) 2218-1417
信　　箱　service@bookrep.com.tw

法律顧問　華洋法律事務所 蘇文生律師
印　　製　呈靖有限公司
出版日期　2023年8月 四版一刷
　　　　　2024年3月 四版三刷
定　　價　399元
I S B N　9789865082604（紙本）；
　　　　　9789865082628（PDF）；
　　　　　9789865082611（EPUB）
書　　號　1NDN7025

國家圖書館出版品預行編目（CIP）資料

彩色全圖解!鐵道迷的第一本書/鄧志忠著. --
四版. -- 新北市 : 遠足文化事業股份有限公司,
2023.08
　　面；　公分
ISBN 978-986-508-260-4（平裝）
1.CST: 鐵路 2.CST: 問題集 3.CST: 臺灣

557.2633　　　　　　　　　　112010864